Departure

출국수속 따라잡기!

공항에서의 출국수속은 다음과 같이 진행됩니다.

① 공항도착!

② 항공사데스크 체크인!

③ 관광진흥기금권 구입!

④ 환전!

⑤ 비행기 탑승수속!
|세관신고|, |보안검색|, |출국심사|

⑥ 탑승 게이트로 이동!

⑦ 탑승!

5 C.I.Q!
출국장으로 들어가면 ① 세관검사, ② 보안검색, ③ 출국심사가 차례로 이어집니다! 계속 앞으로 앞으로!

Step 5

6 탑승게이트로 이동!
탑승권에 표시된 탑승구로 이동합니다. '탑승시간'을 반드시 엄수하여야 합니다!!!

Step 6

✚ 잠깐만요!
시간적 여유가 있다면 면세점에서 쇼핑을 하셔도 좋겠습니다.

✚ 비행기 출발 30분 전에는 탑승게이트 대기실에 도착해 있어야 합니다!

© Copyright 2003 by Shin Na Ra.

All rights reserved.
No part of this book may be reproduced,
without the written permission of
the copyright owner.

서명 : 주머니속의 여행 프랑스어
펴낸곳 : 도서출판 신나라
펴낸이 : 임종천
지은이 : 임한나
연구편집 : 이린범, 박현주, 서재양
         윤인균(푸른세계여행)

개정 3쇄 : 2015. 01. 05

등록일 : 1991. 10. 14
등록번호 : 제 6-136호
주소 : 경기도 양평군 양동면
       광암길 31번길 30-4
전화 : (031)775-2678
팩스 : (031)775-2679
ISBN : 978-89-7593-081-2

* 정가는 표지에 표시!

간단한 프랑스어 발음법!
Alphabet 09

초간편 기본회화!
Best Basic Conversation!

1. 대답하는 법! **14**
2. 인사할 때! **16**
3. 자기소개! **18**
4. 부탁할 때! **20**
5. 감사의 인사! **22**
6. 날씨, 시간, 요일! **24**

잠깐!! 프랑스 여행정보!
프랑스에 대한 일반적인 상식! **26**

1. 출발전 준비! 27

1. 항공권의 예약! **30**
2. 예약확인/취소/변경 **32**
+ 항공권 관련 단어 **34**

contents

2. 출국수속! 35

① 보딩패스! 1. 38
② 보딩패스! 2. 40
✚ 탑승 관련 단어 42

3. 출발! 기내에서 43

① 기내 입구에서! 46
② 기내 좌석에서! 48
③ 기내식의 주문! 50
④ 기내에서의 쇼핑! 52
⑤ 신고서의 작성! 54
⑥ 경유와 환승시! 56
✚ 기내 관련 단어들! 58
✚ 프랑스 입국 상식! 60

4. 목적지 도착! 61

① 입국심사대에서 1. 64
② 입국심사대에서 2. 66
③ 수하물 찾기! 68
④ 세관심사! 70
⑤ 공항 여행안내소 72
✚ 입국 관련 단어들! 74

5. 호텔의 이용! 75

- ❶ 체크인(예약시) **78**
- ❷ 체크인(미예약) **80**
- ❸ 객실의 이용! **82**
- ❹ 룸서비스의 이용! **84**
- ❺ 프론트의 이용! **86**
- ❻ 호텔식당의 이용! **88**
- ❼ 체크아웃! **90**
- ❽ 유스호스텔의 이용 **92**
- ✚ 호텔 관련 단어들! **94**
- ✚ 프랑스의 축제일! **96**

6. 식당과 요리! 97

- ❶ 식당을 찾을 때! **100**
- ❷ 식당의 예약! **102**
- ❸ 식당 미예약시! **104**
- ❹ 식사의 주문! **106**
- ❺ 식사시의 표현! **108**
- ❻ 패스트푸드점 **110**
- ❼ 식사비의 계산! **112**
- ❽ 주점의 이용! **114**
- ✚ 식사 관련 단어들! **116**
- ✚ 프랑스 음식의 핵! **118**

7. 쇼핑용 회화! 119

1. 쇼핑하는 법! 122
2. 물건값을 낼 때! 124
3. 백화점 쇼핑! 126
4. 면세점 쇼핑! 128
5. 기념품점 쇼핑! 130
6. 슈퍼마켓 쇼핑! 132
+ 쇼핑 관련 단어들! 134

8. 우편, 전화, 은행! 135

1. 우편물 보내기! 138
2. 소포 보내기! 140
3. 공중전화 걸기! 142
4. 전화대화 표현! 144
5. 국제전화 걸기! 146
6. 호텔에서의 전화! 148
+ 우편/전화 관련 단어! 150
7. 은행의 이용! 152
8. 잔돈 바꾸기! 154
+ 은행 관련 단어들! 156

9. 교통수단! 157

- ① 철도의 이용! 1. **160**
- ② 철도의 이용! 2. **162**
- ③ 버스의 이용! 1. **164**
- ④ 버스의 이용! 2. **166**
- ⑤ 선박의 이용! **168**
- ⑥ 지하철의 이용! **170**
- ⑦ 택시의 이용! **172**
- ⑧ 렌터카의 이용! **174**
- ✚ 교통수단 관련 단어! **176**

10. 관광하기! 181

- ① 관광의 시작! **184**
- ② 길 물어보기! 1. **186**
- ③ 길 물어보기! 2. **188**
- ④ 기념사진 찍기! **190**
- ✚ 관광 관련 단어! **192**
- ⑤ 공연의 관람! 1. **196**
- ⑥ 공연의 관람! 2. **198**
- ⑦ 나이트 클럽! **200**
- ⑧ 스포츠 즐기기! **202**
- ✚ 오락 관련 단어! **204**
- ✚ 관광 오락 정보! **206**

11. 사고상황의 대처! **207**

❶ 분실사고시! 1. **210** ❷ 분실사고시! 2. **212**
❸ 사고의 신고! **214** ❹ 긴급! 간단표현! **216**
❺ 병원 치료! **218** ❻ 약국의 처방! **220**
✚ 사고상황 관련 단어! **222**
✚ 긴급상황시 연락처! **226**

12. 귀국 준비! **227**

❶ 예약확인! **230**
❷ 귀국시 공항에서! **232**

[특별 부록]
비지니스 프랑스어! **234**

❶ 방문객을 맞을 때! **236** ❷ 인사할 때! **238**
❸ 회사를 소개할 때! **240** ❹ 전화 통화시에! **242**
❺ 상담할 때! **244** ❻ 계약, 주문할 때! **246**

부록: 필수 단어사전! **248**

간단한
프랑스어 발음법!
Alphabet

프랑스어를 처음 접하시는 독자 여러분을 위해 '세상에서 가장 간단한 프랑스어 발음법'을 알려드립니다.

쉽게, 편하게, 그리고 간단하게 익혀서 바로 쓰실 수 있습니다! (한국어 발음표기는 편의상 가장 가까운 음으로 표시하겠습니다.)

간단한 프랑스어 발음법!

Alphabet

프랑스어의 특징!

ALPHABET (알파베) : 프랑스어의 자모는 영어와 똑같이 26개 글자로 되어있습니다. 이 자모는 표음문자이므로 모음글자는 모음 음성을, 자음 글자는 자음 음성을 나타냅니다. 이 가운데 모음글자는 A, E, I, O, U, Y 등 6개이고 단어 속에서 모음들의 발음은 각 모음들의 조합에 따라 여러 가지 경우로 발음이 될 수 있습니다.

프랑스어 발음의 기본적인 특징은 다음과 같습니다.

❶ 프랑스에서 일반적으로 단어 끝에 위치한 마지막 자음은 발음이 되지 않습니다.
❷ S는 원래 [s]로 발음되지만 앞뒤로 모음이 둘러싸고 있으면 [z]로 발음됩니다.
❸ 모음 'a, e, i'는 다음 단어의 모음과 만나면 충돌되어 없어지고 그 위치에 apostrophe(')를 찍습니다. 예) Je ai ➡ J'ai
❹ 프랑스어의 H 는 유음 h와 무음 h로 구별되지만 둘 다 발음이 되지 않습니다.
예) homme [옴므]
❺ 자음 C는 모음 'a, o, u' 앞에서는 [k]로 발음되지만 꼬리가 붙으면 (ç : 쎄 세디유) [s]로 발음됩니다.

괄호 안처럼 발음됩니다!

A	a	아 [ㅏ]
B	b	베 [ㅂ]
C	c	쎄 [ㅆ, ㄲ]
D	d	데 [ㄷ]
E	e	으 [ㅡ, ㅔ]
F	f	에프 [ㅍ]
G	g	쮀 [ㅈ]
H	h	아슈 [음가 없음]
I	i	이 [ㅣ]
J	j	쥐 [ㅈ]
K	k	까 [ㄲ]
L	l	엘 [ㄹ]
M	m	엠 [ㅁ]
N	n	엔 [ㄴ]
O	o	오 [ㅗ]

"여행회화, 기본의 기본입니다! 미리 준비해 두시면 유용하게 자주 쓸 수 있는 표현들입니다!!!"

괄호 안처럼 발음됩니다!

P	**p**	뻬	[ㅃ]
Q	**q**	뀌	[ㄲ]
R	**r**	에르ㅎ	[ㄹ+ㅎ]

(르에 흐이 섞인 발음, 즉 R는 '에르'와 '에흐'의 중간음 정도로 발음됩니다.)

S	**s**	에쓰	[ㅅ, ㅆ]
T	**t**	떼	[ㄸ]
U	**u**	위	[ㅟ]
V	**v**	베	[ㅂ]
W	**w**	두블르베	[ㅂ]
X	**x**	익쓰	[ㅈ, ㅅ]
Y	**y**	이그렉	[ㅣ]

(모음 I와 같은 음가를 가집니다)

Z	**z**	제드	[ㅈ]

초간편 기본회화!
Best Basic Conversation!

여행 프랑스어 회화!
기본의 기본을 소개합니다.
6가지 기본 상황별로 정리했습니다!

❶ 대답하는 법! ❷ 인사할 때!

❸ 자기소개! ❹ 부탁할 때!

❺ 감사의 인사! ❻ 날씨, 시간, 요일!

"여행회화, 기본의 기본입니다! 미리 준비해 두시면 유용하게 자주 쓸 수 있는 표현들입니다!!"

초간편 기본회화!
Best Basic Conversation!

여행 프랑스어 회화!
기본의 기본을 소개합니다.
6가지 기본 상황별로 정리했습니다!

대답할 때 자주 쓰는 표현들을 공부합니다!

예. (네.)
Oui.
위

아니오.
Non.
농

알겠습니다. / 그래요.
D' accord.
다꼬흐

알겠습니다. (알았습니다)
J' ai compris.
제 꽁프리

초간편 기본회화!

❶ 대답하는 법!

맞습니까?
C'est ça?
쎄 싸

맞아요. / 그렇습니다.
Oui, c'est ça.
위 쎄 싸

저도 그렇게 생각합니다.
Je suis d'accord.
주 쉬 다꼬흐

좋은 생각입니다.
Bonne idée.
본 이데

가장 많이 쓰는 대답 표현들입니다.

"여행회화, 기본의 기본입니다! 미리 준비해 두시면 유용하게 자주 쓸 수 있는 표현들입니다!!!"

초간편 기본회화!
Best Basic Conversation!

여행 프랑스어 회화!
기본의 기본을 소개합니다.
6가지 기본 상황별로 정리했습니다!

다양한 인사법들을 연습해 보겠습니다!

안녕하십니까? (아침)
Bonjour.
봉주르

안녕하십니까? (낮)
Bonjour.
봉주르

안녕하십니까? (저녁)
Bonsoir.
봉스와

안녕히 주무세요.
Bonne nuit.
본느 뉘

초간편 기본회화!

❷ 인사할 때!

안녕하십니까? (밤)
Bonsoir. /
봉스와
Bonne nuit.
본느 뉘

안녕히 계세요. (가세요)
Au revoir.
오 흐브와

또 만납시다!
À bientôt!
아 비앙또

즐거운 하루 되세요!
Bonne journée.
본느 주흐네

인사할 때는 언제나 웃는 얼굴로 하셔야 해요~!

"여행회화, 기본의 기본입니다! 미리 준비해 두시면 유용하게 자주 쓸 수 있는 표현들입니다!!"

초간편 기본회화!
Best Basic Conversation!

여행 프랑스어 회화!
기본의 기본을 소개합니다.
6가지 기본 상황별로 정리했습니다!

자기를 소개할 때 쓸 수 있는 기본 표현들입니다!

안녕하세요.
Bon jour.
봉 주르

처음 뵙겠습니다.
Enchanté.
엉성떼

어떻게 지내십니까?
Comment allez-vous.
꼬망 딸레 부

저도 잘 지내고 있어요.
Je vais bien.
주 베 비앙

초 간편 기본회화!

③ 자기소개!

만나서 반갑습니다.
Je suis très heureux de vous rencontrer.
주 쉬 트레 조로 드 부 헝꽁트레

저는 한국 사람(남자/여자)입니다.
Je suis Coréen(ne).
주 쉬 꼬레앙 (꼬레엔느)

내 이름은 ~입니다.
Je m'appelle ~.
주 마뻴

당신의 이름은?
Comment vous appelez-vous?
꼬망 부 자뻴래-부

이 정도로만 설명해도 당신은 이미 성공입니다!

"여행회화, 기본의 기본입니다! 미리 준비해 두시면 유용하게 자주 쓸 수 있는 표현들입니다!!"

초간편 기본회화!
Best Basic Conversation!

여행 프랑스어 회화!
기본의 기본을 소개합니다.
6가지 기본 상황별로 정리했습니다!

부탁하실 일이 있으면 주저하지 말고 말씀하세요!

좀 도와주세요.
Aidez-moi.
에데 모아

실례합니다만,
말씀 좀 여쭙겠습니다.
Je peux vous demander quelque chose?
주 뿌 부 드멍데 깰끄 쇼즈

저를 좀 도와 주십시오.
Pourriez-vous m'aider.
뿌리에 부 메데

20

초간편 기본회화!

④ 부탁할 때!

이 일을 처리해 주시기를 부탁드립니다.
Je vous demande de vous en arranger.
주 부 드멍드 드 부전 아렁제

물론이지요.
Bien sûr.
비앙 쒸흐

좀더 천천히 말씀해 주십시오.
Parlez plus lentement, s'il vous plaît.
빠흘레 쁠뤼 렁뜨망 실 부 쁠레

도움이 필요하십니까? 이렇게 말씀하십시오~!

"여행회화, 기본의 기본입니다! 미리 준비해 두시면 유용하게 자주 쓸 수 있는 표현들입니다!!"

초간편 기본회화!
Best Basic Conversation!

여행 프랑스어 회화!
기본의 기본을 소개합니다.
6가지 기본 상황별로 정리했습니다!

도움을 받았다면
반드시 감사의
인사를 전합니다.

감사합니다.
Merci.
메르씨

전화해 주셔서 감사합니다.
Merci de m'avoir appelé.
메르씨 드 마부아르 아쁠레

고맙습니다.
Merci (beaucoup).
메르씨 보꾸

초간편 기본회화!

❺ 감사의 인사!

보살펴주셔서 감사합니다.
C'était très gentil de votre part.
쎄떼 트레 졍띠 드 보트르 빠흐

아주 많은 도움 감사합니다.
Merci, de m'avoir beaucoup aidé.
메르씨 드 마브아르 보꾸 뻬데

천만에요.
Je vous en prie.
주 부 정 프리

별 말씀을요.
De rien.
드 히앙

감사의 인사, 정중하면 할수록 더욱 좋습니다~!

"여행회화, 기본의 기본입니다! 미리 준비해 두시면 유용하게 자주 쓸 수 있는 표현들입니다!!"

초간편 기본회화!
Best Basic Conversation!

여행 프랑스어 회화!
기본의 기본을 소개합니다.
6가지 기본 상황별로 정리했습니다!

날씨와 시간에 대해 이야기 하는 방법들입니다!

오늘 날씨가 어떻습니까?
Comment fait-il aujourd' hui.
꼬망 패 띨 오주흐뒤

좋은 날씨군요.
Il fait beau.
일 패 보

날씨가 덥군요. (춥군요)
Il fait chaud (froid).
일 패 쇼 (프르와)

초간편 기본회화!

❻ 날씨|시간|요일

비가 올 것 같습니다.
Il va pleuvoir.
일 바 쁠르부아르

지금 몇 시입니까?
Quelle heure est-il?
깰외르 에 띨?

오늘은 무슨 요일입니까?
Quel jour est-ce aujourd' hui.
깰 주흐 에쓰 오주흐뒤

오늘 며칠입니까?
On est le combien aujourd' hui.
온에 르 꽁비앙 오주흐뒤

요일과 날짜를 물을 때 쓰는 방법도 기억해 둡니다.

"여행회화, 기본의 기본입니다! 미리 준비해 두시면 유용하게 자주 쓸 수 있는 표현들입니다!!"

잠깐!! 프랑스 여행정보!

✚ **프랑스에 대한 일반적인 상식!**

ⓐ **프랑스의 정식 명칭 :** 프랑스공화국
   (**French Republic**)

ⓑ **프랑스의 인구 :** 약 6,100만명

ⓒ **프랑스의 종교 :** 카톨릭교

ⓓ **프랑스의 언어 :** 프랑스어

ⓔ **프랑스의 화폐 : EURO** (유로)

ⓕ **기타 프랑스 정보:**

   시차 : 8시간 (서머타임 실시 기간에는 7시간)

   전압 : 220V (우리나라에서 사용하는 핀 2개의 플러그가 일반적임)

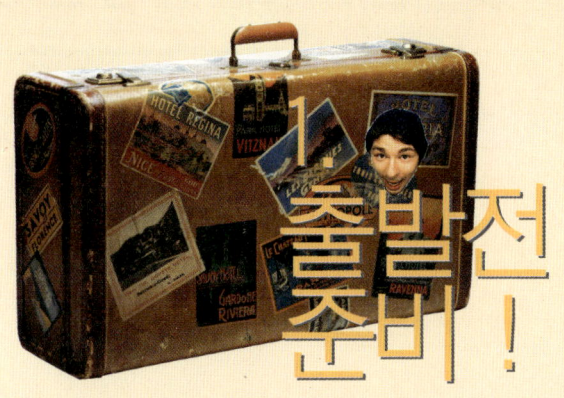

1. 출발전 준비!

해외여행에 앞서 반드시 준비되어야 할 것들이 있습니다. 우선 기본적으로 갖추어야 할 것으로 ❶ 여권, ❷ 비자, ❸ 각종 증명서 발급, ❹ 항공권, ❺ 환전 및 여행자 보험 가입, ❻ 여행정보수집 등을 들 수 있습니다.

❶ 여권의 준비!

● **여권의 종류** : 여권은 '대한민국 국민임을 증명하는 증명서' 입니다. 외국에서의 안전을 보장해 주는 신분증이기에 가장 중요한 준비물입니다. 여권의 종류는 관용여권과 일반여권으로 나뉘며, 여행자들이 받게되는 일반여권은 유효기간에 따라 복수여권(5년), 단수여권(1년)으로 나뉩니다. 복수여권은 5년간 사용횟수에 제한이 없기 때문에 일반적으로 많이 신청합니다.

빠르게 찾고 쉽게 말하는 여행회화! 여러분의 여행을 보다 즐겁고 편안하게 만들어 드립니다!!

비자 | 각종 증명서!

● **여권의 신청** : 여권은 시, 구청 여권과에서 발급하며, 보통 2~3일 소요됩니다. (지방 시, 군청은 7~10일 소요) 여권 신청서류는 ⓐ 여권발급 신청서, ⓑ 주민등록등본 1통, ⓒ 주민등록증이나 운전면허증, ⓓ 여권용 사진 2매, ⓔ 병역서류 (국외여행허가서), ⓕ 발급비(복수여권 : 45,000원, 단수여권 : 15,000원) 등 입니다.

❷ 비자의 준비!

비자(VISA)는 '입국사증', 즉 '입국을 허락하는 증명서'로서 독일대사관에서 받을 수 있읍니다. (서울시 용산구 동빙고동 308-5 ☎ 02-748-4114)

비자 신청 서류는 ⓐ **여권 (유효기간 6개월 이상의 것), ⓑ 비자신청서,** ⓒ **여권사진 1장,** ⓓ **주민등록증 사본,** ⓔ **수수료** 등 입니다.

그러나 프랑스를 비롯한 유럽의 대부분의 나라들은 우리나라와 비자 면제 협정을 체결하고 있으므로 90일 이내의 관광에 한해서는 여권만 있으면 입국이 가능합니다.

❸ 각종 증명서!

ⓐ **국제학생증** : 국제학생여행연맹이 발급하는 전세계 어디에서나 통용되는 학생증입니다. 신청서류는 학생증 사본, 반명함판 사진 1매, 신청서, 수수료이며, 발급장소는 국제학생여행사(☎ 02-733-9494)이고, 발급후 1년간 유효합니다. http://www.isic.co.kr

1. 출발전 준비!

ⓑ **유스호스텔회원증** : 여행자를 위한 숙소인 세계 각국의 유스호스텔을 사용할 수 있는 회원증입니다. 신청서류는 회원신청서 1부이며, 발급장소는 한국유스호스텔연맹(02-725-3031)이나 각 지방 유스호스텔 연맹에서 신청 가능합니다.
http://www.kyha.or.kr

ⓒ **국제운전면허증** : 여행지에서 직접 운전을 하실 분이라면 반드시 챙겨가야 하는 것이 운전 면허증입니다. 신청은 관할 운전면허시험장에서 하며, 신청서류는 여권, 운전면허증, 주민등록증, 사진1매, 수수료(5,000원)입니다.

✚ 그밖의 여행준비물!

그밖에 필요한 여행준비물들로는 먼저 ⓐ 옷가지(해당지역의 기후에 맞게 2~3벌), 우비 또는 우산, 양말, 속옷(3~4벌)이 필수적이며, 비지니스맨이라면 색상이 다른 와이셔츠와 넥타이 세벌씩은 기본입니다. ⓑ 위생용구(수건, 세면도구, 화장품, 비상약품 - 감기약, 소화제, 정로환, 반창고, 붕대, 파스, 생리용품)가 필요할 것이며, 그리고 ⓒ 작은 배낭, 전대, 맥가이버칼, 간단한 인스턴트 식품류 2~3일분, 소형 계산기, 카메라, 필름 등을 준비하면 됩니다.

빠르게 찾고 쉽게 말하는 여행회화! 여러분의 여행을 보다 즐겁고 편안하게 만들어 드립니다!!

① 항공권의 예약!

❶ 프랑스항공입니다. 말씀하십시오.

❷ 파리행 비행기편을 예약을 하고 싶습니다.

❸ 칸느행 항공편을 예약하고 싶습니다.

❹ 언제 떠나실 예정이죠?

❺ 이번 금요일이요.

❻ 목요일 오후에 출발하는 비행기가 있나요?

❼ 파리까지 왕복 티켓료는 얼마입니까?

❽ 이코노미 클래스(2등석)로 주십시오.

❾ 그것으로 하겠습니다.

1. 출발전 준비!

❶ Air France bonjour, je vous écoute.
에르 프랑스 봉주르 주 부 제꾸뜨

❷ Je voudrais réserver une place d'avion pour Paris.
주 부드레 헤제르베 윈느 쁠라스 다비옹 뿌호 빠리

❸ Je voudrais réserver un billet d'avion pour Cannes.
주 부드레 헤제르베 엉 비에 다비옹 뿌호 깐느

❹ Vous partez quand?
부 빠르떼 껑

❺ Ce vendredi.
스 벙드르디

❻ Y a-t-il un vol ce jeudi après midi?
이 아 띨 엉 볼 스 주디 아프레 미디?

❼ Quel est le prix d'un billet d'avion pour Paris aller retour?
깰에 르 프리 덩 비에 다비옹 뿌호 빠리 알레 흐뚜흐

❽ Je voudrais une place en deuxième classe.
주 부드레 윈느 쁠라스 엉 두지엠므 끌라스

❾ Je prends ça.
주 프렁 싸

빠르게 찾고 쉽게 말하는 여행회화! 여러분의 여행을 보다 즐겁고, 편안하게 만들어 드립니다!!

❷ 예약확인|취소|변경

❶ 프랑스항공입니다. 말씀하십시오.

❷ 항공권 예약 재확인을 하고 싶습니다.

❸ 이 예약을 취소해주십시오.

❹ 예약을 변경하고 싶습니다.

❺ 성함과 비행기 번호를 말씀해 주십시오.

❻ 제 이름은 김철수입니다.

❼ 다른 항공회사편을 알아봐 주십시오.

❽ 가능한 빠른 ~행 비행편을 예약해 주세요.

1. 출발전 준비!

❶ **Air France bonjour, je vous écoute.**
에르 프랑스 봉주르 주 부 제꾸뜨

❷ **Je voudrais confirmer ma réservation.**
주 부드레 꽁피르메 마 헤제르바씨옹

❸ **Je voudrais annuler ma réservation.**
주 부드레 아뉠레 마 헤제르바씨옹

❹ **Je voudrais changer de réservation.**
주 부드레 샹제 드 헤제르바씨옹

❺ **Votre nom et le numéro de vol.**
보트르 농 에 르 뉘메로 드 볼

❻ **Mon nom est Chul Soo Kim.**
몽 농 에 철수 김

❼ **Pourriez-vous me renseigner sur le vol d'une autre compagnie?**
뿌리에 부 므 헝쎄니에 쒸흐 르 볼 뒨느 오트르 꽁빠니

❽ **Pouvez-vous me faire une réservation sur le prochain vol à destination de ~ ?**
뿌베-부 므 패르 윈느 헤제르바씨옹 쒸흐 르 프로생 볼 아 데스띠나씨옹 드~

빠르게 찾고 쉽게 말하는 여행회화! 여러분의 여행을 보다 즐겁고 편안하게 만들어 드립니다!!

항공권 관련 단어

➡ 항공권 예매관련 단어표현

한국어	프랑스어	발음
여행사	L'agence de voyage	라정스 드 브와야주
항공사	La compagnie aérienne	라 꽁빠니 아에리엔느
항공권	Le billet d'avion	르 비에 다비옹
예약	La réservation	라 헤제르바씨옹
확인	La confirmation	라 꽁피르마씨옹
취소	L'annulation	라뉠라씨옹
정기편	Le vol régulier	르 볼 헤귈리에
탑승권	La carte d'embarquement	라 꺅뜨 덩박끄멍
운임	Le tarif	르 따리프
1등석	La première classe	라 프르미에르 끌라스
2등석	La deuxième Classe	라 두지엠프 끌라스
연락처	L'adresse	라드레스
수속	L'enregistrement	렁흐지스트르멍
카트	Le chariot	르 샤리오
대한항공	Korean air	꼬레안 에르
프랑스항공	Air France	에르 프랑스

2. 출국수속!

❶ 출국준비의 순서!

공항에서의 출국수속은 크게 다음과 같이 진행됩니다. 공항에 도착하시면 다음과 같은 순서로 출국수속을 밟으세요.

❶ 병무신고(남자 : 공항병무신고 사무소 3층 A카운터에서 확인필증 교부), ❷ 항공사 체크인(자신이 이용할 항공사 카운터로 이동해서 비행기 좌석번호와 수하물표를 받음), ❸ 관광진흥기금 구입(10,000원, 자동판매기 이용) 및 환전(공항 환전소나 공항내 면세점 구역 환전소 이용), ❹ 출입국신고서 작성(출국심사대 앞에 비치되어 있음), ❺ 비행기 탑승수속, ❻ 세관신고(고가품은 신고필증(**custom stamp**)을 교부

빠르게 찾고 쉽게 말하는 여행회화! 여러분의 여행을 보다 즐겁고 편안하게 만들어 드립니다!!

공항에서의 상식

받도록 함), ❼ 보안검색(금속탐지문 통과), ❽ 출국심사(탑승권, 여권, 출입국신고서를 제출하면 심사관이 확인한 후 날인과 함께 출입국신고서의 한쪽을 절취해 여권에 부착해 줌), ❾ 탑승 게이트로 이동, ❿ 탑승의 순서로 임하시면 되겠습니다.

공항에는 최소한 2~3시간 전에 도착하도록 하며, 비행기 출발 30분 전에는 탑승게이트 대기실에 도착해 있어야 합니다.

❷ 인천국제공항 상식

ⓐ **공항까지의 교통편** : 국제선 이용 승객은 인천국제공항을 이용합니다. 인천국제공항까지는 인천국제공항 전용고속도로(40.2km)를 이용합니다. 서울에서 인천공항까지의 이동 방법으로는 리무진 버스(서울역-인천국제공항간 75분 소요), 택시(60분 소요), 지하철(5호선 방화역, 김포공항에서 리무진 버스로 환승)을 이용하실 수 있습니다. 운송화물을 미리 보낼 경우, 김포 도심 터미널이나 삼성동 서울 도심공항 터미널을 이용하시면 공항 이용료가 할인됩니다.

> 인천국제공항 : **www.airport.or.kr**
> 서울 도심공항터미널 : **www.kcat.co.kr**

ⓑ **공항 면세점** : 출국심사를 마치고 탑승게이트 쪽으로 들어서면 공항 면세점이 중앙에 있습니다. 선물(시계, 화장품, 향수, 민속상품, 기념품)이나 기호품(담배, 술, 초콜릿, 문구류, 필름)을 할인된 가격으로 살 수 있습니다.

2. 출국수속!

❸ 공항에서 할 일!

ⓐ **병무신고** : 만 18세 이상 30세까지의 병역미필자는 인천국제공항 청사 3층에 있는 병무신고소에 거주지 동사무소로부터 발급 받은 신고필증을 제출하고, 확인필증을 교부받으면 됩니다.

ⓑ **항공사 데스크에서의 보딩패스** : 항공사 데스크로 가서 여권, 항공권을 제시하면 비행기내 좌석번호를 받게 됩니다. 그리고 탁송할 화물들을 계근대 위에 올려 놓으면 항공사 직원은 확인 후 수하물표(claim tag)를 가방에 달아 주고 화물의 인환증을 항공표 뒷면에 붙여 줄 것입니다. 이때 인환증의 갯수와 행선지 표시를 반드시 확인해 만약 화물이 분실되었을 경우를 대비해야 합니다.

ⓒ **출국수속** : 공항이용권을 내고 출국심사장으로 들어가면 곧바로 세관을 통과하게 되고 출국심사대 앞에 서게 되는데, 이때에 여권, 항공권, 출국신고서를 심사대 직원에게 제출하면 됩니다. 직원은 여권의 유효관계를 확인하고 출국심사확인표를 여권에 붙여 줍니다.

✚ 관광진흥기금 구입과 출입국신고서 작성

'관광진흥기금'은 각 데스크 근처의 자동판매기에서 살 수 있으며 가격은 10,000원입니다. (이것을 출국수속장 입구에 내시면 됩니다) 그리고 출입국신고서는 탑승수속 카운터 앞쪽에 마련된 테이블에 비치되어 있는 출입국신고서(**E/D Card**) 양식에 작성하면 됩니다. 양식은 한글, 한자, 알파벳으로 작성합니다.

① 보딩패스! 1.

❶ 비행기표를 보여 주시겠습니까?

❷ 여기 있습니다.

❸ 통로측 좌석을 원합니다.

❹ 네, 여기 있습니다. 좌석번호는 A-20입니다.

❺ KAL카운터로 이 짐을 운반해 주세요.

❻ 짐이 있습니까?

❼ 있습니다.

❽ 없습니다.

❾ 짐은 전부 3개입니다.

2. 출국수속!

❶ Puis-je voir votre billet d'avion?
쀄 주 부와르 보트르 비에 다비옹

❷ Voilà.
브왈라

❸ Je voudrais une place côté couloir.
주 부드레 윈느 쁠라스 꼬떼 꿀르와르

❹ Oui, voilà le numéro de votre place est A-20.
위 브왈라 르 뉘메로 드 보트르 쁠라스 에 아-뱅

❺ Pouvez-vous faire transférer ces bagages au comptoir d'enregistrement de Korean air?
뿌베 부 패르 트렁스페레 쎄 바갸주 오
꽁뚜와르 덩흐지스트르멍 드 코레안 에르

❻ Avez-vous des bagages?
아베 부 데 바갸주

❼ Oui, j'ai des bagages.
위 제 데 바갸주

❽ Non, je n'ai pas de bagages.
농 주 네빠 드 바갸주

❾ J'ai trois bagages en tout.
제 트루아 바갸주 엉 뚜

❷ 보딩패스! 2.

❿ 짐은 전부 3개입니다.

⓫ 탑승 수속은 어디에서 합니까?

⓬ 5번 게이트는 어딥니까?

⓭ 탑승 시간은 언제입니까?

⓮ 면세점은 어디에 있습니까?

⓯ 저쪽에 있습니다.

La carte d' embarquement
(라 꺅뜨 덩박끄멍) : 탑승권
Le passport (르 빠스뽀흐) : 여권
Le billet d' avion (르 비에 다비옹) : 항공권

2. 출국수속!

❿ J'ai trois bagages en tout.
제 트루아 바갸주 엉 뚜

⓫ Où peut-on faire l'enregistrement pour l'embarquement?
우 뿌똥 패르 렁흐지스트르멍 뿌흐 렁박끄멍

⓬ Où est la porte 5?
우 에 라 뽁뜨 쌩끄

⓭ Quelle est l'heure d'embarquement?
깰에 뢰르 덩박끄멍

⓮ Où sont les boutiques hors taxe?
우 쏭 레 부띠끄 오흐 딱스

⓯ Là-bas.
라 바

앗! 단어장!

La taxe d'aéroport (라 딱스 다에로뽀흐)
: 공항세
Le numéro de place (르 뉘메로 드 쁠라스)
: 좌석번호

탑승 관련 단어

공항 관련 단어표현

공항	**L'aéroport**	라에로뽀흐
국제공항	**L'aéroport international**	
	라에로뽀흐 앵떼르나씨오날	
국내선	**Les lignes domestiqies**	
	레 린뉴 도메스띠끄	
국제선	**Les lignes internationales**	
	레 린뉴 앵떼르나씨오날	
안내소	**Le centre d'information**	
	르 썽트르 뎅포르마씨옹	
검역소	**Le centre de vaccination**	
	르 썽트르 드 박시나씨옹.	
검역증명서	**Le certificat de vaccination**	
	르 쎄흐띠피꺄 드 박시나씨옹	
세관	**La douane**	라 두안느
탑승구	**La porte d'embarquement**	
	라 뽁뜨 덩박끄멍	
대합실	**La salle d'attente**	라 쌀 다떵뜨
출국수속	**L'enregistrement de départ**	
	렁흐지스트르멍 드 데빠흐	
입국수속	**L'enregistrement d'arrivée**	
	렁흐지스트르멍 다리베	
출발지	**Le lieu de départ**	
	르 리유 드 데빠흐	
도착지	**Le lieu d'arrivée**	
	르 리유 다리베	

3. 출발! 기내에서

❶ 기내의 안전수칙!

ⓐ **지정좌석** : 기내에서는 지정된 좌석에 앉아야 합니다. 짐은 머리 위쪽의 선반에 놓습니다. 안전을 위해 무거운 짐은 다리 아래 놓습니다. 승무원의 지시에 따라 이착륙시에는 좌석에 앉고, 반드시 안전벨트를 착용합니다. 좌석상단의 메시지 램프에는 안전고도에서 정상운행 중일지라도 기류에 따라 경고 등이 표시되곤 합니다. 이때 **'No Smoking'**은 '금연'을, **'Fasten Seat Belt'**는 '안전벨트를 매시오' 라는 뜻입니다.

ⓑ **좌석의 조정** : 비행기의 좌석은 뒤로 젖힐 수 있게 되어있어 장거리 여행시에는 뒤로 눕혀 잠을 잘 수도 있습니다. 그러나 이착륙시나 식사 때는 의자를 바로 세워 정위치로 만듭

기내에서의 상식!

니다. 눕힐 때는 뒷좌석의 손님에게 양해를 구하거나 천천히 젖히는 것이 바람직합니다. 자리가 불편할 경우 승무원에게 부탁하면 다른 자리로 옮길 수 있습니다.

ⓒ **안전사항** : 비행기 멀미를 하시는 분이라면 좌석 앞주머니에 준비되어 있는 구토용 봉지를 사용하시거나, 호출버튼을 눌러 스튜어디스에게 찬음료나 진정제 등을 부탁할 수 있습니다. 그리고 기내 주요 유의사항으로는 비행기 안전운항에 장애가 될 수 있기 때문에 모든 전자제품의 사용을 금하는 것과 다른 승객에게 불편이 될 수 있기 때문에 기내에서는 금연이라는 것, 그리고 흉기의 기내 반입은 절대 금지되고 있음을 기억해 주십시오.

❷ 기내의 식사!

기내식으로 제공되는 것으로는 식사, 차, 주류 및 청량음료 등이 있습니다. 좌석의 등급별로 식사는 다르게 나오며, 본인이 못 먹는 음식은 피할 수도 있습니다. (채식식단과 육식식단이 함께 준비되기 때문에 선택적으로 주문이 가능합니다.) 기내식은 통상 이륙 후 3~4시간 후에 서비스됩니다. 음료는 식사 때가 아니더라도 필요하면 언제라도 주문이 가능하며, 기내에서는 탄산음료 보다는 물이나 과일 주스류가 좋습니다. 주류는 제한된 양이지만 맥주 한두 캔이나 와인 한두 잔은 무료로 서비스됩니다. 그러나 기내에서의 음주는 기압과 안전을 고려해 평소 주량의 1/3 정도만 드시는 것이 좋습니다.

❸ 기내의 서비스들!

프랑스까지 항공편으로 갈 경우 소요되는 시간은 약 12시간 30분 정도입니다. 프랑스행 기내에서는 좌석의 팔걸이에 장치된

3. 출발! -기내에서-

다이얼과 좌석 주머니의 이어폰을 사용하여 영화와 함께 스포츠 방송을 볼 수 있고, 팝송, 컨트리송, 가요, 클래식 등 쟝르별로 음악을 즐길 수도 있습니다. 영화나 방송의 내용 그리고 음향이나 채널의 안내는 앞에 비치된 안내책자를 참고하십시오. 그밖에 프랑스의 신문, 잡지 및 트럼프, 바둑 등의 오락기구도 구비되어 있어서 필요할 때 승무원에게 요구하시면 됩니다. 이들 오락기구는 대부분 승객들에게 서비스 되는 것들로 기념품으로 가져가도 됩니다. (단, 헤드폰과 담요는 반납해야 함)

❹ 기내의 면세쇼핑!

기내에서는 양주, 담배, 향수, 시계, 화장품, 스카프, 완구 등의 기호품과 선물용품들이 면세된 가격으로 판매됩니다. 세계적으로 유명한 제품들이 선정되어 구비되어 있으며, 주문과 배달도 가능합니다. 쇼핑 품목 및 수량은 프랑스의 반입 허용량을 고려하여 구입하도록 합니다. 보통 담배 200개비, 와인 2리터, 향수 50g 정도가 면세 한도입니다.

✚ 기내화장실 상식!

기내 화장실은 남녀 공용입니다. 화장실의 현재 사용 상태는 벽면의 표시등으로 표시됩니다. 사용중이면 **'Occupied'**, 비어 있을 때는 **'Vacant'**라는 표시등에 불이 켜집니다. 화장실로 들어 갈때는 문을 밀어서 열고, 나올 때는 잡아 당겨서 문을 엽니다. 화장실의 사용법은 일반 수세식변기 사용과 같으며, 사용한 휴지는 쓰레기통에 버려야 합니다. 이착륙시 또는 이상 기류로 기체가 흔들릴 때는 **'Return to seat'**(좌석으로 돌아가라)라는 표시등이 켜지게 됩니다. 이럴 땐 서둘러 자리로 돌아가도록 합니다. 그리고 화장실도 금연구역이므로 반드시 지키도록 합니다.

Toilet

① 기내 입구에서!

❶ 탑승권을 보여 주시겠습니까?

❷ 여기 있습니다.

❸ 손님 좌석은 30-B입니다.

❹ 고맙습니다.

❺ 실례합니다. 제 자리는 12-D입니다.

❻ 좌석 12-D는 어디입니까?

❼ 손님 좌석은 저쪽 통로 쪽입니다.

❽ 이 좌석이 어디입니까?

❾ 이쪽으로 오십시오.

3. 출발! -기내에서-

❶ Puis-je voir votre carte d'embarquement?
뻬 주 부와르 보트르 꺅뜨 덩빠끄멍

❷ Oui, voilà.
위 브왈라

❸ Votre place est 30-B.
보트르 쁠라스 에 트렁뜨 베

❹ Merci.
메르씨

❺ Excusez-moi ma place est 12-D.
엑스뀌제 모아 마 쁠라스 에 두즈 데

❻ Où est la place 12-D?
우 에 라 쁠라스 두즈 데

❼ Votre place est là-bas à côté de couloir.
보트르 쁠라스 에 라 바 아꼬떼 드 꿀루와르

❽ Où se trouve cette place?
우 스 트루브 쎄뜨 쁠라스

❾ Venez par ici.
브네 빠흐 이씨

빠르게 찾고 쉽게 말하는 여행회화! 여러분의 여행을 보다 즐겁고 편안하게 만들어 드립니다!!

② 기내 좌석에서!

❶ 자리 좀 바꾸어 주실 수 있습니까?

❷ 네, 뒤쪽에 빈자리가 많이 있습니다.

❸ 통로쪽 자리였으면 좋겠습니다.

❹ 잠깐 지나가도 될까요?

❺ 이 자리에 앉아도 되겠습니까?

❻ 죄송합니다만, 여긴 제자리 같습니다.

❼ 좌석을 제 위치로 해 주십시오.

❽ 의자를 뒤로 젖혀도 되겠습니까?

❾ 이 비행기는 정시에 이륙합니까?

3. 출발! -기내에서-

❶ Pourriez-vous me changer de place?
뿌리에 부 므 샹제 드 쁠라스

❷ Oui, il y a des places disponibles là-bas.
위 일 이 아 데 쁠라스 디스뽀니블 라 바

❸ Je voudrais une place côté couloir.
주 부드레 윈느 쁠라스 꼬떼 꿀루와르

❹ Puis-je passer devant?
쀠 주 빠쎄 드벙

❺ Puis-je m'asseoir là?
쀠 주 마쑤아르 라

❻ Excusez-moi je crois que c'est ma place.
엑스뀨제 모아 주 크루와 끄 쎄 마 쁠라스

❼ Mettez votre siège en place.
메떼 보트르 씨에주 엉 쁠라스

❽ Puis-je mettre le siège en arrière?
쀠 주 메트르 르 씨에주 엉 아리에르

❾ Cet avion décolle-t-il à l'heure?
쎄 따비옹 데꼴 띨 아 뢰흐

③ 기내식의 주문!

❶ 닭고기 또는 쇠고기를 드시겠습니까?

❷ 쇠고기요리로 주세요.

❸ 차와 커피 중 어떤 것을 드릴까요?

❹ 커피로 주세요.

❺ 물을 좀 주세요.

❻ 오렌지 주스로 주십시오.

❼ 손님, 식사 다 하셨습니까?

❽ 네, 잘 먹었습니다.

❾ 고맙습니다.

3. 출발! -기내에서-

❶ Désirez-vous du poulet ou du boeuf?
데지레 부 뒤 뿔레 우 뒤 뵈프

❷ Du boeuf, s'il vous plaît.
뒤 뵈프 실 부 쁠레

❸ Désirez-vous du thé ou du café?
데지레 부 뒤 떼 우 뒤 꺄페

❹ Du café, s'il vous plaît.
뒤 꺄페 실 부 쁠레

❺ Je voudrais un verre d'eau, s'il vous plaît.
주 부드레 엉 베르 도 실 부 쁠레

❻ Je voudrais un jus d'orange.
주 부드레 엉 쥐 도랑주

❼ Avez-vous terminé?
아베 부 떼흐미네

❽ Oui, c'était bon.
위 쎄떼 봉

❾ Merci.
메르씨

④ 기내에서의 쇼핑!

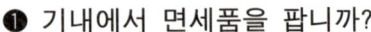

❶ 기내에서 면세품을 팝니까?

❷ 만년필 있습니까?

❸ 있습니다.

❹ 두 개에 얼마입니까?

❺ 여성용 화장품이 있습니까?

❻ 위스키 2병 주세요.

❼ 담배 있습니까?

❽ 한 보루 주세요.

❾ 한국돈으로 지불해도 됩니까?

3. 출발! -기내에서-

❶ Puis-je acheter des produits en duty free dans l'avion?
쀠 주 아슈떼 데 프로뒤 엉 듀티 프리 덩 라비옹

❷ Y a-t-il des stylos?
이 아띨 데 스띨로

❸ Oui, il y en a.
위 일 이 언 아

❹ Ça fait combien les deux?
싸 패 꽁비앙 레 두

❺ Y a-t-il des produits de beauté?
이 아 띨 데 프로뒤 드 보떼

❻ Donnez-moi deux bouteilles de Whisky?
도네 모아 두 부떼이 드 위스키

❼ Y a-t-il des cigarettes?
이 아띨 데 시갸렛

❽ Donnez-moi une boîte de cigarettes.
도네 모아 윈 부와뜨 드 시갸렛

❾ Puis-je payer en monnaie coréenne?
쀠 주 뻬이에 엉 모네 꼬레엔느

❺ 신고서 작성!

❶ 펜 좀 써도 될까요?

❷ 그럼요. 여기 있습니다.

❸ 제 입국서 좀 봐주시겠습니까?

❹ 어떻게 기재하는지 가르쳐 주십시오.

❺ 여기에 무엇을 써야 됩니까?

❻ 입국신고서를 한 장 더 얻을 수 있을까요?

❼ 제가 좀 틀리게 썼습니다.

3. 출발! -기내에서-

❶ **Puis-je utiliser votre stylo?**
뻬 주 위띨리제 보트르 스띨로

❷ **Bien sûr, allez-y.**
비앙 쒸흐 알레 지

❸ **Pourriez-vous vérifier ma carte d'arrivée?**
뿌리에 부 베리피에 마 꺅뜨 다리베

❹ **Expliquez-moi comment remplir cette carte.**
엑스쁠리께 모아 꼬망 헝쁠리르 쎄뜨 꺅뜨

❺ **Qu'est-ce que je dois écrire ici?**
께스끄 주 드와 에크리르 이씨

❻ **Puis-je avoir une autre catre d'arrivée?**
뻬 주 아부아르 윈 오트르 꺅뜨 다리베

❼ **J'ai fait des erreurs.**
제 패 데 제뢰흐

빠르게 찾고 쉽게 말하는 여행회화! 여러분의 여행을 보다 즐겁고 편안하게 만들어 드립니다!!

❻ 경유와 환승시!

❶ 여기에서 얼마나 체류하게 되나요?

❷ 약 1시간 정도입니다.

❸ 당신은 통과여객이십니까?

❹ 얼마나 기다려야 합니까?

❺ 대합실에 면세점이 있습니까?

❻ 저는 ~로 가는편으로 갈아타려 합니다.

❼ 제가 탈 항공편의 확인은 어디에서 합니까?

La salle d' attente (라 쌀 다떵뜨) : 대합실
Le visa (르 비자) : 입국사증
La destination (라 데스띠나씨옹) : 목적지

앗! 단어장!

3. 출발! -기내에서-

❶ Combien de temps comptez-vous rester ici?
꽁비앙 드 떵 꽁떼 부 헤스떼 이씨

❷ Pendant une heure à peu près.
뺑덩 윈 외르 아 뿌 프레

❸ Je suis un passager en transit.
주 쉬 정 빠싸제 엉 트렁짓

❹ Pendant combien de temps dois-je attendre?
뺑덩 꽁비앙 드 떵 드와 주 아떵드르

❺ Y a-t-il des boutiques hors taxe dans la salle d'attente?
이 아 띨 데 부띠끄 오흐 딱스 덩 라 쌀 다덩뜨

❻ Je suis en transit pour ~.
주 쉬 엉 트렁짓 뿌호~

❼ Où est-ce que je peux vérifier mon vol?
우 에스끄 주 뿌 베리피에 몽 볼

앗! 단어장!

Le passager en transit
(르 빠싸제 엉 트렁짓) : 면세점

Le comptoir d'enregistrement
(르 꽁뜨와르 엉흐지스트르망) : 탑승수속대

기내 관련 단어들!

➡ 기내용 단어표현

한국어	프랑스어	발음
기장	La capitaine	라 꺄삐뗀
승무원	L'équipage	레끼빠주
여승무원	L'hôtesse de l'air	로떼스 드 레르
객실	La cabine de passager	라 꺄빈 드 빠싸제
화물실	La soute	라 쑤뜨
화장실	Les toilettes	레 뚜왈렛
헤드폰	Le quasque à écouteurs	르 꺄스끄 아 에꾸뙤흐
구명동의	Le gilet de sauvetage	르 질레 드 소브따주
기내선반	La tablette	라 따블레뜨
독서등	La lampe de bureau	라 랑쁘 드 뷔로
안전벨트	La ceinture	라 쌩뛰흐
금연	Défense de fumer	데펑스 드 퓌메

➡ 기내화장실 안내문구

3. 출발! -기내에서-

비어있음	**Vide**	비드
사용중	**Occupé**	오뀌뻬
콘센트	**La prise électrique**	라 프리즈 엘렉트리끄
재떨이	**Le cendrier**	르 썽드리에

문을 잠그시오 **Fermez la porte**
페흐메 라 뽀르뜨

버튼을 누르시오 **Appuyez le bouton**
아뻬예 르 부똥

변기물을 내리시오 **Tirez la chasse d'eau**
띠레 라 샤쓰 도

● 경유 / 환승 관련 단어표현

비행기	**L'avion**	라비옹
대합실	**La salle d'attente**	라 쌀 다떵뜨
입국사증	**Le visa**	르 비자
목적지	**La destination**	라 데스띠나씨옹
시차	**Le décalage horaire**	르 데꺌라주 오레르
이륙	**Le décollage**	르 데꼴라주
착륙	**L'attérissage**	라떼리싸주
국제공항	**L'aéroport international**	라에로뽀흐 엥떼르나씨오날

기내 관련 단어들!

통과여객	**Le passager en transit**
	르 빠싸제 엉 트렁짓
탑승수속대	**Le comptoir d'enregistrement**
	르 꽁뜨와르 엉흐지스트르망
항공시간표	**Les horaires des vols**
	레 조레르 데 볼

✚ 프랑스 입국 상식!

철도나 자동차로 프랑스를 입국할 때!!

유럽의 여러 나라들은 각국의 수많은 국제열차들이 국경을 넘나들고 있고 또 비자 없이 입국할 수 있으므로, EU 가맹국 간에는 국경 검문이 갈수록 간소화되어 가고 있습니다.
따라서 비행기가 아닌 철도나 자동차로 프랑스를 입국할 때에는 국경 근처의 기차 안이나 차 안에서 하는 간단한 여권 검사로 입국 심사를 대신하는데 단, 기차의 경우 제네바와 브뤼셀행은 기차 안이 아닌 역 플랫폼에서 심사를 합니다.

4. 목적지 도착!

❶ 입국절차 상식!

목적지의 공항에 도착해서 비행기에서 내리면 곧 입국절차를 밟게 됩니다. 입국절차는 출국과 반대의 순으로 진행됩니다. 즉 ⓐ 공항도착, ⓑ 'Arrival'이라고 표시된 출구로 나갑니다, ⓒ 입국심사, ⓓ 수하물 찾기, ⓔ 세관검사, ⓕ 입국완료의 순으로 진행됩니다. 좀 더 세부적으로 소개하면 다음과 같습니다.

입국심사의 모든 것!

❷ 입국심사!

입국심사대(**Immigration**)로 가서. 여행자가 심사원에게 여권과 입국 신고서를 제시하면 심사관리는 여권확인과 함께 스탬프를 찍고 입국카드 확인부분을 여권에 넣어 다시 돌려주는데, 이렇게 하면 입국심사가 완료됩니다. 보통 입국경위나 체재지, 체재기간 등을 우리나라 사람에게는 묻지 않아 심사절차가 간단하게 마무리 됩니다.

❸ 수하물 찾기!

입국심사를 마치면 '수하물 찾는곳'(**baggage claim area**)으로 갑니다. 찾을 짐이 많으면 짐수레(**cart**)를 준비해 탁송된 짐이 실려 나오는 콘베이어 앞에서 기다립니다. (비슷한 가방이 많기 때문에 이름을 반드시 확인할 것) 국제공항에는 수하물 찾는 곳이 여러 곳이므로, 본인이 이용했던 항공편 표시등 아래로 찾아가야만 착오가 없습니다. 수하물이 나오는 시간은 보통 30분 정도 걸리며, 착륙 비행기가 많을 경우에는 1시간 넘게 걸리는 때도 있습니다. 자신의 짐이 발견되면 수하물 인환증(**claim tag**)의 번호와 짐 번호를 확인하도록 하며, 만약 짐이 나오지 않을 경우에는 항공사 직원에게 협조를 구하도록 합니다. 분실신고는 화물도착 후 4시간 이내에 해야 합니다.

4. 목적지 도착! -입국심사-

❹ 세관통관 상식!

짐을 찾으면 마지막 통관문인 세관검사대(**Customs**)로 갑니다. 신고 순서가 되기 전에 모든 짐의 자물쇠를 풀어 세관원이 쉽게 볼 수 있게 하며, 신고할 물건이 없으면 녹색 검사대를 이용하rh , 신고할 물건이 있을 경우에는 붉은색 검사대 쪽으로 갑니다. 기내에서 작성한 세관 신고서와 여권을 세관원에게 제시하면 이를 토대로 짐을 조사합니다. 주로 검색하는 품목은 과세 대상품입니다. 그러므로 과세 대상품에 속하는 귀금속, 사치품, 고급 카메라 등은 정확하게 신고해야 합니다. 만약, 과세대상을 신고하지 않으면 압류당하거나 무거운 벌금을 내게 됩니다. 이렇게 하면 프랑스 입국을 위한 모든 심사과정이 끝이 납니다.

✚ 입국카드 작성법!

입국카드는 기내에서 미리 작성해 두도록 합니다. 입국카드의 작성법은 반드시 볼펜으로 기입하며, 영문 대문자로 씁니다. 기록내용은 ① **성과 이름**, ② **생년월일**, ③ **성별**, ④ **여권번호**, ⑤ **국적**, ⑥ **프랑스비자번호**, ⑦ **동행 사람수**, ⑧ **항공기 편명**, ⑨ **직업(해당란에 표시)**, ⑩ **프랑스내 체류지**, ⑪ **서명** 등을 각각 기입하면 됩니다.

빠르게 찾고 쉽게 말하는 여행회화! 여러분의 여행을 보다 즐겁고 편안하게 만들어 드립니다!!

① 입국심사대에서 1.

❶ 입국심사소는 어디입니까?

❷ 여권 좀 보여 주시겠습니까?

❸ 검역증명서를 보여주세요.

❹ 방문 목적은 무엇입니까?

❺ 여행 왔습니다.

❻ 사업차 왔습니다.

❼ 친척을 방문하러 왔습니다.

❽ 프랑스 방문이 처음이십니까?

❾ 네, 이번이 처음입니다.

4. 목적지 도착! -입국심사-

❶ Où est le centre d'immigration?
오 에 르 썽트르 디미그라씨옹

❷ Puis-je voir votre passeport?
쀠 주 브와르 보트르 빠스뽀흐

❸ Puis-je voir votre certificat de vaccination?
쀠 주 브와르 보트르 쎄흐띠피꺄 드 박시나씨옹

❹ Quelle est la raison de votre visite?
껠에 라 헤종 드 보트르 비지뜨

❺ C'est pour voyager.
쎄 뿌흐 브와야제

❻ C'est pour le voyage d'affaire.
쎄 뿌흐 르 브와야주 다페흐

❼ C'est pour visiter ma famille.
쎄 뿌흐 비지떼 마 파미유

❽ C'est votre première visite en France?
쎄 보트르 프르미에르 비지뜨 엉 프랑스

❾ Oui, c'est ma première visite en France.
위 쎄 마 프르미에르 비지뜨 엉 프랑스

빠르게 찾고 쉽게 말하는 여행회화! 여러분의 여행을 보다 즐겁고 편안하게 만들어 드립니다!!

❷ 입국심사대에서 2.

❿ 며칠 동안 체류하십니까?

⓫ 30일입니다.

⓬ 2주일 정도입니다.

⓭ 어디에 가십니까?

⓮ 리용입니다.

⓯ 니스 어디에서 머무르실 겁니까?

⓰ 힐튼 호텔에 머물 예정입니다.

⓱ 돌아갈 항공권을 갖고 계십니까?

⓲ 여기 있습니다.

4. 목적지 도착! -입국심사-

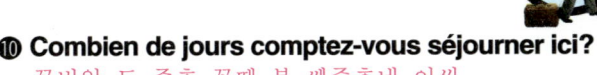

❿ Combien de jours comptez-vous séjourner ici?
꽁비앙 드 주흐 꽁떼 부 쎄주흐네 이씨

⓫ 30 jours.
트렁뜨 주흐

⓬ 2 semaines.
두 스멘느

⓭ Où allez-vous?
우 알레 부

⓮ Je vais à Lyon.
주 베 아 리용

⓯ Où allez-vous rester à Nice?
우 알레 부 헤스떼 아 니스

⓰ Je vais rester à l'hôtel Hilton.
주 베 헤스떼 아 로뗄 일톤

⓱ Avez-vous le billet de retour?
아베 부 르 비에 드 흐뚜흐

⓲ Oui, voilà.
위 브왈라

③ 수하물 찾기!

❶ 수하물 찾는 곳은 어디입니까?

❷ 수하물 찾는 곳은 저쪽입니다.

❸ 갈색가방이 제 것입니다.

❹ 나머지를 찾을 수가 없습니다.

❺ 실례합니다만,
   제 가방을 찾을 수 없습니다.

❻ 제 짐을 찾을 수 있게 도와주세요.

❼ 그러죠. 제가 도와드리겠습니다.

4. 목적지 도착! -입국심사-

❶ Où est ce que je peux récupérer mes bagages?
우 에스끄 주 뿌 헤뀌뻬레 메 바갸주

❷ Vous pouvez récupérer vos bagages là-bas.
부 뿌베 헤뀌뻬레 보 바갸주 라 바

❸ Ce bagage brun est à moi.
스 바갸주 브랑 에 따 모아

❹ Je ne peux pas trouver d' autres bagages.
주 느 뿌 빠 트루베 도트르 바갸주

❺ Excusez-moi, je n' arrive pas à trouver mon bagage.
엑스뀌제 모아 주 나리브 빠 아 트루베 몽 바갸주

❻ Aidez-moi à trouver mon bagage.
에데 모아 아 트루베 몽 바갸주

❼ D' accord, je vais vous aider.
다꼬흐 주 베 부 제데

④ 세관심사!

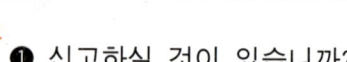

❶ 신고하실 것이 있습니까?

❷ 없습니다.

❸ 친구에게 줄 시계가 있습니다.

❹ 위스키 두 병을 갖고 있습니다.

❺ 이것들은 모두 개인 소지품입니다.

❻ 이 카메라는 내가 사용하는 것입니다.

❼ 이 가방 좀 열어 주시겠습니까?

❽ 세관으로 가 주십시오.

4. 목적지 도착! -입국심사-

❶ Avez-vous quelque chose à déclarer?
아베 부 껠께쇼즈 아 데끌라레

❷ Non.
농

❸ J'ai acheté une montre pour mon ami.
제 아슈떼 윈느 몽트르 뿌흐 몬 아미

❹ J'ai deux bouteilles de whisky.
제 두 부떼이 드 위스키

❺ Toutes ces choses sont mes affaires personnelles.
뚜뜨 쎄 쇼즈 쏭 메 자페르 뻬흐쏘넬

❻ Cet appareil de photo est pour mon utilisation personnelle.
쎄 따빠레이 드 포토 에 뿌흐 몬 위띨리자시옹 뻬흐쏘넬

❼ Pourriez-vous ouvrir votre sac, s'il vous plaît?
뿌리에 부 우브리르 보트르 싹 실 부 쁠레

❽ Passez à la doune.
빠쎄 아 라 두안느

⑤ 공항 여행안내소

❶ 유스호스텔이 있습니까?

❷ 방을 예약하고 싶습니다.

❸ 근처에 다른 호텔이 있습니까?

❹ 5성급(특급) 호텔에 묵고 싶습니다.

❺ 호텔까지 어떻게 갑니까?

❻ 시내로 가는 버스가 있습니까?

❼ 버스 정류장은 어디 있습니까?

Le bureau d' informations
(르 뷔로 댕포르마씨옹) : 안내소
Le chariot (르 샤리오) : 카트

4. 목적지 도착! -입국심사-

❶ **Y a-t-il une auberge de jeunesse?**
이 아 띨 윈 오베흐주 드 조네스

❷ **Je voudrais réserver une chambre.**
주 부드레 헤제르베 윈느 샹브르

❸ **Y a-t-il un autre hôtel près d'ici?**
이 아띨 언 오트르 오뗄 프레 디씨

❹ **Je voudrais séjourner dans un hôtel 5 étoiles.**
주 부드레 쎄주흐네 덩 전 오뗄 쌩끄 에뚜왈

❺ **Comment puis-je aller jusqu'à l'hôtel?**
꼬망 삐 주 알레 쥐스꺄 로뗄

❻ **Est-ce qu'il y a un bus qui va en ville?**
에스낄 이 아 엉 뷔스 끼 바 엉 빌

❼ **Où est l'arrêt de l'autobus?**
우 에 라레 드 로또뷔스

Le voyageur (르 브와야죄르) : 여행자
Le tourisme (르 뚜리즘) : 관광
Les affaires (레 자페르) : 사업

입국 관련 단어들!

○ 입국 관련 단어표현

한국어	프랑스어	발음
여행자	**Le voyageur**	르 브와야죄르
관광	**Le tourisme**	르 뚜리즘
사업	**Les affaires**	레 자페르
연수	**Le stage**	르 스따주
회의	**La conférence**	라 꽁페렁스
안내소	**Le bureau d'informations**	르 뷔로 댕포르마씨옹
카트	**Le chariot**	르 샤리오
개인용품	**Les affaires personnelles**	레 자페르 뻬흐쏘넬
선물	**Le cadeau**	르 꺄도
반입금지품	**Les marchandises interdites**	레 막샹디즈 앵떼흐디뜨
면세품	**Les articles hors taxe**	레 작띠끌 오흐 딱스
관세	**Le droit de douane**	르 드루와 드 두안
세관직원	**Le douanier**	르 두아니에

5. 호텔의 이용!

❶ 호텔의 예약!

요즘은 대부분 출발전 한국에서 호텔예약을 하거나 본인이 직접 인터넷으로 예약을 합니다. 때문에 호텔예약 확인증(바우쳐)을 받아서 가지고 나가면 숙소 문제는 미리 해결하고 갈 수 있습니다. 한국에서 호텔을 미리 예약할 경우, 현지 요금의 80~85% 정도로 저렴합니다. (대부분의 여행사나 인터넷 사이트를 이용하면 쉽게 찾을 수 있습니다.)

프랑스 현지의 호텔을 정할 때 가장 중요한 사항은 교통이 편리한지, 식사가 제공되는지, 가격은 적당한지 등입니다. 예약시에는 원하는 방의 종류, 도착일, 숙박일수, 항공편 등

호텔은 이렇게 이용!

을 알려 주어야 하며, 현지에서 예약할 경우는 직접 전화를 하거나 여행 안내소에 예약을 부탁하면 됩니다. 하지만 7,8월은 성수기이므로 국내에서 예약하는 것이 좋겠습니다.

❷ 프랑스의 숙박 시설!

프랑스의 숙박시설은 크게 호텔, 유스호스텔 그리고 Foyer와 캠핑장이 있습니다.

호텔은 정부 관광국에서 정한 별이 없는 것부터 4개까지의 5등급으로 나뉘어지는데 등급에 따라 요금이 다양하지만 실제로 시설면에서는 큰 차이가 없습니다. 호텔의 체크인은 보통 14:00부터, 체크 아웃은 12:00까지이며 호텔의 각 입구마다 요금표를 게재해 놓는 곳이 많으므로 들어가기 전에 확인하도록 합니다.

광범위한 조직망을 갖추고 있는 유스호스텔은 호텔보다는 비교적 요금이 저렴해서 도미토리의 경우 9~12 유로 정도입니다. 프랑스의 유스호스텔은 대부분 3개의 연맹에 가입해 있는데 국제 호스텔 연맹(FUAJ), 프랑스 청소년 휴양기관(LFAJ), 그리고 프랑스 국제회의연합(UCRIF)입니다.

배낭객이 이용할 만한 숙박시설로 'Foyer'를 들 수 있는데 'Foyer'는 18~30세의 지방 학생이나 외국인을 위한 기숙사 시설로 보통 혼자나 둘이 사용할 수 있는 방에 침대 및 가구가 있으며 샤워 시설은 공동으로 사용합니다. 2주 이하, 2~6주, 6주 이상 단위로 신청하며 신청료는 5 유로입니다.

샤워장 등의 편의시설을 잘 갖춘 캠핑장이 전국적으로 있으며 별로 등급을 매겨서 구분을 합니다. 보통 1박에 4~9 유로 정도입니다.

5. 호텔의 이용!

❸ 체크인!

체크인(**check in** : 숙박절차)은 프론트 데스크에서 합니다. 예약이 되어 있을 경우는 이름을 말하시고 예약확인서(바우처)를 제시하면 직원은 예약리스트 또는 예약카드를 조회한 후, 숙박신고서 기재를 요구할 것입니다. 숙박신고서에는 여권번호, 비자번호, 성명 등을 기입하도록 되어 있습니다. 체크인은 보통 14:00부터입니다.

❹ 체크아웃!

호텔의 숙박료는 하루, 즉 24시간 단위로 받습니다. 통상 정오에서 다음날 정오까지를 일박으로 계산하며, 이때가 이른바 체크아웃 타임(**check-out time**)입니다. 그 이상 호텔에 머물게 되면 숙박요금을 더 물게 됩니다. 요금을 지불하는 방식으로는 ⓐ 크레디트 카드와, ⓑ 현금으로 지불하는 방법 두 가지가 있습니다. 호텔계산서에는 숙박한 일수, 룸서비스를 이용해 드신 것의 요금, 식사대(호텔의 레스토랑 또는 바에서 사인한 청구서 등), 호텔에서 외부에 건 전화요금, 세탁료, 객실 냉장고에서 꺼내 마신 음료수 값 등이 계산됩니다.

✚ 프랑스 화장실 이용 상식!

프랑스에서는 카페나 식당은 물론 일부 상점에서 유료로 화장실을 운영하고 있는데 동전을 넣으면 문이 열리게 되어 있거나 또는 옆에 돈 받는 사람이 서있습니다. 그러므로 프랑스 여행시에는 급할 경우를 대비해 항상 약간의 잔돈을 준비하는 것이 좋겠습니다.

① 체크인(예약시)

❶ 제 짐을 방까지 날라다 주세요.

❷ 예약했습니다.

❸ 제 이름은 이민수입니다.

❹ 서울에서 예약을 했습니다.

❺ 숙박부를 기재해 주십시오.

❻ 현금으로 지불하시겠습니까?

❼ 비자카드를 사용하겠습니다.

❽ 현금으로 하겠습니다.

❾ 짐이 더 있으십니까?

5. 호텔의 이용!

❶ Apportez-moi les bagages dans ma chambre.
아뽀떼 모아 레 바갸주 덩 마 샹브르

❷ J'ai fait la réservation.
제 패 라 헤제르바씨옹

❸ Mon nom est Min-su Lee.
몽 농 에 민수 이

❹ J'ai fait la réservation à Séoul.
재 패 라 레제르바씨옹 아 쎄울

❺ Remplissez le registre de séjour.
헝쁠리쎄 르 호지스트르 드 쎄주흐

❻ Est-ce que vous allez payer en espèce?
에스끄 부 잘레 뻬이에 언 에스뻬스

❼ Je vais régler en Carte Visa.
주 베 헤글레 엉 꺅뜨 비자

❽ Je vais payer en espèce.
주 베 뻬이에 언 에스뻬스

❾ Avez-vous d' autres bagages?
아베 부 도트르 바갸주

② 체크인(미예약)

❶ 빈방이 있습니까?

❷ 예약은 못 했습니다.

❸ 1박에 얼마입니까?

❹ 요금은 아침식사 포함입니까?

❺ 싱글룸을 부탁합니다.

❻ 오늘밤부터 3일간 머물겠습니다.

❼ 샤워실이 있는 방을 원합니다.

❽ 체크아웃 시간은 몇 시입니까?

❾ 좀더 싼방은 없습니까?

5. 호텔의 이용!

❶ Avez-vous une chambre disponible?
아베 부 윈느 샹브르 디스뽀니블

❷ Je n'ai pas fait de réservation.
주 네 빠 패 드 헤제르바씨옹

❸ Quel est le prix par nuit?
껠에 르 프리 빠흐 뉘

❹ Le petit déjeuner est-il compris?
르 쁘띠 데쥬네 에-띨 꽁프리

❺ Je voudrais une chambre pour une personne.
주 부드레 윈느 샹브르 뿌흐 윈느 뻬흐쏜느

❻ Je vais rester 3 nuits à partir de ce soir.
주 베 헤스떼 트르와 뉘 아 빡띠르 드 스 스와르

❼ Je voudrais une chambre avec douche.
주 부드레 윈느 샹브르 아벡 두슈

❽ À quelle heure faut-il quitter la chambre?
아 껠 뢰르 포-띨 끼떼 라 샹브르

❾ Avez-vous une chambre moins chère?
아베 부 윈느 샹브르 모앙 쉐흐

❸ 객실의 이용!

❶ 에어컨(냉난방)은 어떻게 조절합니까?

❷ 방을 바꾸고 싶습니다.

❸ 아침식사 룸서비스가 됩니까?

❹ 비상구는 어디에 있습니까?

❺ 더운 물이 나오지 않습니다.

❻ 화장실 물이 안 나옵니다.

❼ 텔레비전이 켜지지 않습니다.

앗! 단어장!

La salle de bains (라 쌀 드 뱅) : 욕실
La baignoire (라 베뉴와르) : 욕조
La douche (라 두슈) : 샤워

5. 호텔의 이용!

❶ **Comment puis-je régler la climatisation?**
꼬망 쀠 주 헤글레 라 끌리마띠자씨옹

❷ **Je voudrais changer de chambre.**
주 부드레 샹제 드 샹브르

❸ **Pouvez-vous me servir le petit déjeuner dans ma chambre?**
뿌베 부 무 쎄흐비르 르 쁘띠 데주네 덩 마 샹브르

❹ **Où se trouve la sortie de secours?**
우 스 트루브 라 쏙띠 드 스꾸호

❺ **Il n'y a pas d'eau chaude.**
일 니 아 빠 도 쇼드

❻ **La chasse d'eau ne marche pas.**
라 샤쓰 도 느 막슈 빠

❼ **La télévision ne s' allume pas.**
라 뗄리비지옹 느 쌀륌므 빠

Les toilettes (레 뚜왈렛) : 화장실

Le papier de toilettes
(르 빠삐에 드 뚜왈렛) : 휴지

④ 룸서비스의 이용!

❶ 룸서비스는 어떻게 부릅니까?

❷ 룸서비스 부탁합니다.

❸ 방 번호를 가르쳐 주십시오.

❹ 여긴 305호실입니다.

❺ 7시 30분에 모닝콜 좀 부탁드릴게요.

❻ 주문한 아침식사가 아직도 오지 않았습니다.

❼ 시원한 음료수 한 잔 주세요.

❽ 얼음과 생수를 좀 가져다 주십시오.

❾ 커피 한잔 주세요.

5. 호텔의 이용!

❶ Comment puis-je appeler le service de chambre?
꼬망 쀠 주 아쁠레 르 쎄흐비스 드 샹브르

❷ Le service de chambre, s'il vous plaît.
르 쎄흐비스 드 샹브르 실 부 쁠레

❸ Le numéro de votre chambre, s'il vous plaît.
르 뉘메로 드 보트르 샹브르 실 부 쁠레

❹ Ici, c'est la chambre numéro 305.
이씨 쎄 라 샹브르 뉘메로 트루와 썽 쌩끄

❺ Pouvez-vous me réveiller à 7 heures et demie?
뿌베 부 므 헤베이에 아 쎄뙤흐 에 드미

❻ Le petit déjeuner n'est pas encore arrivé.
르 쁘띠 데주네 네 빠 정꼬르 아리베

❼ Je voudrais une boisson fraîche.
주 부드레 윈느 부와쏭 프레슈

❽ Je voudrais un verre d'eau avec glaçon.
주 부드레 엉 베르 도 아벡 글라쏭

❾ Je voudrais un café.
주 부드레 엉 까페

5 프론트의 이용!

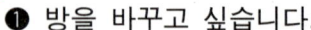

❶ 방을 바꾸고 싶습니다.

❷ 이 방은 너무 시끄럽습니다.

❸ 귀중품을 맡아 주시겠습니까?

❹ 이 짐을 좀 보관해 주시겠습니까?

❺ 315호실에 숙박하고 있습니다.

❻ 맡긴 짐을 찾고 싶습니다.

❼ 제게 온 편지는 없습니까?

❽ 식당은 몇 시부터입니까?

❾ 하루 더 묵고 싶습니다.

5. 호텔의 이용!

❶ Je voudrais changer de chambre.
주 부드레 샹제 드 샹브르

❷ Cette chambre est trop bruyante.
쎄뜨 샹브르 에 트로 부뤼엉뜨

❸ Puis-je vous consigner des objets de valeur?
쀠 주 부 꽁씨녜 데 조브제 드 발뢰흐

❹ Pouvez-vous me garder ces bagages?
뿌베부 므 갸흐데 쎄 바가쥬

❺ Je demeure dans la chambre numéro 315.
주 드뫼흐 덩 라 샹브르 뉘메로 트루와 썽 깽즈

❻ Je voudrais retirer mes bagages.
주 부드레 흐띠레 메 바가쥬

❼ Y a-t-il une lettre pour moi?
이 아 띨 윈느 레트르 뿌흐 모아

❽ Le restaurant ouvre à quelle heure?
르 레스또랑 우브르 아 껠 외르

❾ Je voudrais rester un jour de plus.
주 부드레 헤스떼 엉 주흐 드 쁠뤼스

❻ 호텔식당의 이용!

❶ 식당은 어디에 있습니까?

❷ 무엇을 주문하시겠습니까?

❸ 아침은 프랑스식으로 주십시오.

❹ 계란 후라이와 베이컨을 주세요.

❺ 호텔 안에 아시아식당이 있습니까?

❻ 물 좀 주시겠습니까?

❼ 카페인 없는 커피 있습니까?

❽ 계산서를 주시겠습니까?

❾ 이 요금을 숙박비에 포함시켜 주시겠습니까?

5. 호텔의 이용!

❶ Où est le restaurant?
오 에 르 레스또랑

❷ Qu' est-ce que vous désirez?
께스끄 부 데지레

❸ Je voudrais le petit déjeuner à la française.
주 부드레 르 쁘띠 데주네 아 라 프랑세즈

❹ Je voudrais des oeufs et du bacon.
주 부드레 데 주 에 뒤 베이컨

❺ Y a-t-il un restaurant asiatique dans cet hôtel?
이 아 띨 엉 레스또랑 아지아띠끄 덩 쎄뜨 오뗄

❻ Donnez-moi un verre d' eau, s' il vous plaît.
도네 모아 엉 베흐 도 실 부 쁠레

❼ Y a-t-il un décafeiné?
이 아 띨 엉 데꺄페이네

❽ L' addition, s' il vous plaît.
라디씨옹 실 부 쁠레

❾ Pouvez-vous l' ajouter sur la note?
뿌베 부 라주떼 쒸흐 라 노뜨

7 체크아웃!

❶ 내일 아침 일찍 체크아웃하겠습니다.

❷ 계산서를 부탁합니다.

❸ 제 짐을 로비까지 내려주세요.

❹ 지금 체크아웃 하겠습니다.

❺ 모두 얼마입니까?

❻ 527호의 김진수입니다.

❼ 여행자수표 받습니까?

❽ 제 짐은 내려왔습니까?

❾ 잘 지냈습니다.

5. 호텔의 이용!

❶ Je vais régler la note demain matin.
주 베 헤글레 라 노뜨 드망 마땅

❷ Préparez ma note, s'il vous plaît.
프레빠레 마 노뜨 실 부 쁠레

❸ Descendez-moi mes bagages dans le hall.
데썽데 모아 메 바갸주 덩 르 올

❹ Je vais régler la note maintenant.
주 베 헤글레 라 노뜨 맹뜨넝

❺ C'est combien au total?
쎄 꽁비앙 오 또딸

❻ C'est Jin-su Kim la chambre numéro 527.
쎄 진수 김 라 샹브르 뉘메로 쌩 썽 뱅 쎄뜨

❼ Prenez-vous les chèques de voyage?
프르네-부 레 쉐끄 드 브와야쥬

❽ Mes bagages sont arrivés?
메 바갸주 쏭 따리베

❾ J'ai fait un très bon séjour ici.
제 패 엉 트레 봉 쎄주흐 이씨

빠르게 찾고 쉽게 말하는 여행회화! 여러분의 여행을 보다 즐겁고 편안하게 만들어 드립니다!!

8 유스호스텔의 이용!

❶ 유스호스텔에 어떻게 갑니까?

❷ 3일간 머무르고 싶습니다.

❸ 취사를 할 수 있습니까?

❹ 오늘 밤 묵을 수 있습니까?

❺ 지금 곧 방에 들어갈 수 있습니까?

❻ 방값은 얼마입니까?

❼ 아침식사는 얼마입니까?

❽ 시트를 주시겠습니까?.

❾ 짐을 이곳에 놓아도 됩니까?

5. 호텔의 이용!

❶ Comment puis-je aller à l'auberge de jeunesse.
꼬망 쀠주 알레 아 로베호주 드 조네스

❷ Je voudrais rester 3 jours ici.
주 부드레 헤스떼 트루와 주흐 이씨

❸ Peut-on faire la cuisine ici?
뿌 똥 패르 라 뀌진느 이씨

❹ Avez-vous une chambre libre pour ce soir?
아베-부 윈느 샹브르 리브르 뿌흐 스 스와르

❺ Puis-je entrer dans ma chambre maintenant?
쀠-주 엉트레 덩 마 샹브르 맹뜨낭

❻ Quel est le prix de la chambre?
깰에 르 프리 드 라 샹브르

❼ Quel est le prix du petit déjeuner?
깰에 르 프리 두 쁘띠 데주네

❽ Puis-je avoir un drap?
쀠 주 아브아르 엉 드라

❾ Puis-je laisser mes bagages ici?
쀠 주 레쎄 메 바갸주 이씨

호텔 관련 단어들!

➡ 호텔 관련 단어표현

호텔	**L' hôtel**	로뗄
프론트데스크	**La réception**	라 헤쎕씨옹
지배인	**Le directeur**	르 디렉뙤르
회계원	**Le caissier**	르 께씨에
손님	**Le client**	르 끌리앙
관광지	**L' endroit touristique**	
	렁드루와 뚜리스띠끄	
숙박카트	**Le registre de l' hôtel**	
	르 호지스트르 드 로뗄	

싱글룸	**La chambre pour une personne**	
	라 샹브르 뿌흐 윈느 뻬흐쏜느	
트윈룸	**La chambre pour deux personne**	
	라 샹브르 뿌흐 두 뻬흐쏜느	
냉난방기	**La climatisation**	
	라 끌리마띠자씨옹	
계산서	**L' addition**	라디씨옹
영수증	**Le reçu**	르 흐쒸
귀중품	**Les objets de valeur**	
	레 조브제 드 발뢰흐	
조용한 방	**La chambre calme**	
	라 샹브르 꺌므	
전망 좋은 방	**La chambre avec vue**	
	라 샹브르 아벡 뷔	

5. 호텔의 이용!

욕실	**La salle de bains**	라 쌀 드 뱅
욕조	**La baignoire**	라 베뉴와르
샤워	**La douche**	라 두슈
목욕타올	**La serviette de bains**	라 쎄르비에뜨 드 뱅
수건	**La serviette de toilettes**	라 쎄르비에뜨 드 뚜왈렛
화장실	**Les toilettes**	레 뚜왈렛
휴지	**Le papier de toilettes**	르 빠삐에 드 뚜왈렛
비상구	**L' issue de secours**	리쒸 드 스꾸호
복도	**Le couloir**	르 꿀루와르
1층	**Le rez-de-chaussée**	르 헤 드 쇼쎄
2층	**Le premier étage**	르 프르미에 에따주
엘리베이터	**L' ascenseur**	라썽쒀흐
층계	**La marche**	라 막슈
로비	**Le hall**	르 올
식당	**Le restaurant**	르 레스또랑
커피숍	**La caféteria**	라 꺄페떼리아

잠깐! 프랑스 정보!

✚ 프랑스의 축제일!

프랑스의 축제일, 국경일에 대한 정보가 있다면 여행에 도움이 될 것입니다. 보다 많은 볼거리와 즐거움을 함께 할 수 있을 테니까 말이죠. 반면, 축제일의 경우 미술관이나 상점들이 쉬는 곳도 있기 때문에 미리 알아 두는 것이 좋을 것입니다.

다음은 프랑스의 대표적인 축제일 및 국경일입니다.

신정(**Jour de l' an**) - 1월 1일

부활절(**Pâques**) - 3월 하순 ~ 4월 중순

노동절(**Fête du travail**) - 5월 1일

예수승천일(**Ascension**) - 5월 초순

2차 세계대전 승전일(**Victoire 1945**) - 5월 8일

성령강림일(**Pentecôte**) - 5월 중순

혁명기념일(**Révolution**) - 7월 14일

성모승천 대축일(**Assomption**) - 8월 15일

만성절(**Tous Saint**) - 11월 1일

1차 세계대전 휴전 기념일(**Armisrice 1918**) - 1월 1일

성탄절(**Noël**) - 12월 25일

6. 식당과 요리!

❶ 프랑스의 음식점!

프랑스 음식은 전세계적으로 단연 으뜸으로 손 꼽힐 만큼 모든이에게 사랑받고 있으며 고급요리의 대명사라 할 수 있겠습니다. 프랑스산 와인과 함께 즐기는 이국적인 맛의 프랑스 요리, 바쁜 여행 일정으로 지친 심신에 활력소가 되어 줄 것입니다. .

ⓐ **호텔의 식당** : 가장 무난한 방법 중에 하나라고 할 수 있습니다. 호텔에서 제공하는 조식이나 호텔 내의 식당가는 소위 글로벌한 음식 맛으로 우리가 평소 접하는 음식과 맛을 그대로 즐길 수 있습니다. 기본적으로 양식당, 일식당, 이태

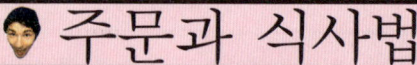

리 요리와, 프랑스 식당, 그리고 한국 요리점까지 생기고 있어 호텔 안에서의 식사는 크게 문제가 없습니다. 다만 문제는 음식값이 비싸다는 것과 별도의 봉사료가 포함된다는 것, 그리고 관광 등 일정이라는 것이 있기 때문에 매끼니를 호텔식으로 할 수 없다는 점이 있겠습니다. 호텔 식당의 경우, 예약을 하거나 영업시간을 미리 체크해야 할 필요가 있습니다.

ⓑ **레스토랑** : 달팽이나 조류와 같은 특이한 식자재를 이용한 고급요리부터 정통 프랑스 요리, 외국의 전문 요리 등을 맛 볼 수 있으며, 유명 레스토랑의 경우 반드시 예약을 해야하며 정장을 입어야 하는 곳도 많습니다.

ⓒ **비스트로(Bistrot)** : 레스토랑처럼 가격이 비싸지도 않고 정장을 할 필요도 없이 저렴한 가격으로 서민적인 향토 요리를 즐길 수 있는 곳이 비스트로(Bistrot)입니다.

ⓓ **브라스리(Brasserie)** : 비스트로(Bistrot)보다 더 서민적인 브라스리(Brasserie)는 간단한 음식과 주류를 같이 먹을 수 있는 곳으로 많은 사람들이 모여드는 대중적인 장소입니다.

❷ 프랑스 요리 용어!

- 쁠라 뒤 주흐 (plat du jour) 오늘의 추천 요리
- 스뻬시알리떼 (spécialité) 지역의 특선 요리
- 아뻬리띠프 (apéritif) 식사 전에 마시는 가벼운 술

6. 식당과 요리

- 앙트레 (entrées) 메인 요리 전에 먹는 가벼운 음식
- 지비에 (gibier) 야생 육류 요리
- 볼라이유 (volailles) 가금류 요리
- 뿌와쏭 (poissons) 생선 요리
- 크뤼스따쎄 (crustacés) 갑각류 요리
- 프로마주 (fromages) 치즈
- 데쎄르 (desserts) 디저트
- 디제스띠프 (digestif) 식사 후 마시는 술

✚ 파리의 유명 카페들!

● 카페 드 플로르 (Café de Flore)
생제르망 데 프레 근처에 있는 카페로서 유명한 작가와 화가들이 많이 이용해서 유명해진 곳입니다.

● 레 두 마고 (Les Deux Magots)
역시 생제르맹 데 프레 근처에 있는 카페로서 샤르트르와 그의 연인 보봐르가 사랑을 나누던 곳으로 알려져 유명해진 곳입니다.

● 르 쎌렉뜨 (Le Select)
'노인과 바다', '누구를 위하여 종은 울리나' 등으로 유명한 헤밍웨이가 자주 애용했던 카페로 몽파르나스 (Montparnasse)에 있습니다.

✚ 세계적인 적포도주, 보르도 (Bordeaux)

프랑스의 대표적인 와인 생산지로는 보르도와 부르고뉴가 있는데 그 중에서도 보르도의 적포도주는 맛과 품질면에서 세계적으로 알아주는 상품입니다.

① 식당을 찾을 때!

❶ 그다지 비싸지 않은 음식점이 좋습니다.

❷ 근처에 유명한 레스토랑이 있습니까?

❸ 이 지방의 명물 요리는 무엇입니까?

❹ 나는 프랑스 요리를 맛보고 싶습니다.

❺ 이 근처에 중국요리점은 어디입니까?

❻ 영어가 통하는 레스토랑이 좋습니다.

❼ 한국 음식점으로 갈까요?

❽ 메뉴를 보여 주십시오.

❾ 한국어 메뉴가 있습니까?

6. 식당과 요리

❶ Je voudrais aller dans un restaurant pas trop cher.
주 부드래 알레 덩 정 레스또랑 빠 트로 쉐르

❷ Y a-t-il un restaurent bien connu près d'ici?
이 아 띨 엉 레스또랑 비앙 꼬뉘 프레 디씨

❸ Quelle est la spécialité du pays?
껠에 라 스뻬시알리떼 뒤 뻬이

❹ J'aimerais goûter la cuisine française.
제므레 구떼 라 뀌진느 프랑세즈

❺ Où se trouve le restaurant chinois?
우 스 트루브 르 레스또랑 쉬누와

❻ Je préfère un restaurant où l'on parle anglais.
주 프레페르 엉 레스또랑 우 롱 빠흘르 엉글레

❼ Si on allait au restaurant coréen?
씨 옹 알레 오 레스또랑 꼬레앙

❽ Puis-je voir la carte?
삐 주 부와르 라 꺅뜨

❾ Puis-je voir la carte traduite en coréen?
삐 주 부와르 라 꺅뜨 트라뒤뜨 엉 꼬레앙

❷ 식당의 예약!

❶ 예약이 필요합니까?

❷ 네, 성함을 말씀해 주세요.

❸ 제 이름은 이진수입니다.

❹ 몇 분이십니까?

❺ 모두 여섯 명입니다.

❻ 7시에 가겠습니다.

❼ 영업은 몇 시까지입니까?

Le restaurant (르 레스또랑) : 식당
La commande (라 꼬망드) : 주문
Le repas (르 흐빠) : 식사

6. 식당과 요리

❶ Faut-il faire la réservation?
포띨 패르 라 헤제르바씨옹

❷ Oui, votre nom s'il vous plaît.
위 보트르 농 실 부 쁠레

❸ Je m'appelle Jin-su Lee.
주 마뻴 진수 리

❹ Vous êtes combien de personnes?
부 제뜨 꽁비앙 드 뻬흐쏜느

❺ On est 6.
온 에 씨스

❻ On arrive à 7 heures.
온 아리브 아 쎄뙤르

❼ Vous êtes ouvert jusqu'à quelle heure?
부 제뜨 우베흐 쥐스꺄 깰외르

앗! 단어장!

Le petit déjeuner (르 쁘띠 데쥬네) : 아침식사
Le déjeuner (르 데쥬네) : 점심식사
Le dîner (르 디네) : 저녁식사

빠르게 찾고 쉽게 말하는 여행회화! 여러분의 여행을 보다 즐겁고 편안하게 만들어 드립니다!!

❸ 식당 미예약시!

❶ 안녕하십니까? 몇 분이시죠?

❷ 세 명입니다.

❸ 잠시 여기 기다려 주십시오.

❹ 기다리겠습니다.

❺ 얼마나 기다려야 합니까?

❻ 테이블이 마련되어 있습니다.

❼ 이쪽으로 오십시오.

6. 식당과 요리

❶ Bonjour, vous êtes combien de personnes?
봉주르 부 제뜨 꽁비앙 드 뻬흐쏜느

❷ On est 3.
온 에 트루와

❸ Pourriez-vous attendre quelques minutes ici?
뿌리에 부 자떵드르 깰끄 미뉘뜨 이씨

❹ Oui, on va attendre.
위 옹 바 아떵드르

❺ Pendant combien de temps doit-on attendre?
뻥덩 꽁비앙 드 떵 드와 똥 아떵드르

❻ On vous a preparé une table là-bas.
옹 부자 프레빠레 윈느 따블 라바

❼ Venez par ici.
브네 빠흐 이씨

④ 식사의 주문!

❶ 우선 메뉴를 좀 보겠습니다.

❷ 이것을 먹겠습니다.

❸ 이곳에 잘하는 음식을 소개해 주시겠어요?

❹ 오늘의 특별요리는 무엇입니까?

❺ 주요리로는 어떤 것이 있습니까?

❻ 저것과 같은 것을 주십시오.

❼ 스테이크를 어떻게 익혀드릴까요?

❽ 적당히 익혀주세요.

❾ 살짝 구워 주세요.

6. 식당과 요리

❶ Peut-on voir la carte d'abord?
뿌똥 부와르 라 꺅뜨 다보호

❷ Donnez-moi ceci, s'il vous plaît.
도네-모아 스씨 실 부 쁠레

❸ Pourriez-vous nous expliquer votre spécialité?
뿌리에 부 누 젝스쁠리께 보트르 스뻬시알리떼

❹ Quel est le plat du jour?
껠에 르 쁠라 두 주호

❺ Qu'est-ce qu'il y a comme plat principal?
께스낄이아 꼼므 쁠라 프랑씨빨

❻ Servez-moi la même chose que celà.
쎄르베-모아 라 멤므 쇼즈 끄 쓰라

❼ Comment voulez-vous votre viande?
꼬망 불레 부 보트르 비앙드

❽ À point.
아 뽀앙

❾ Saignant.
쎄냥

❺ 식사시의 표현!

❶ 주문한 요리가 아직 안나왔습니다.

❷ 이것은 내가 주문한 것이 아닙니다.

❸ 이 요리는 어떻게 먹어야 합니까?

❹ 스푼을 떨어뜨렸습니다.

❺ 소금 좀 가져다 주세요.

❻ 생수 좀 주시겠어요?

❼ 빵을 조금 더 주세요.

앗! 단어장!

Le serveur (르 쎄흐뵈르) : 웨이터
La serveuse (라 쎄흐뵈즈) : 웨이트레스
La serviette (라 쎄르비에뜨) : 냅킨

6. 식당과 요리

❶ **Je n'ai pas encore été servi.**
주 네 빠 정꼬르 에떼 쎄르비

❷ **Ce n'est pas ce que j'ai commandé.**
스 네 빠 스 끄 제 꼬망데

❸ **Comment dois-je me servir de ce plat?**
꼬망 드와 주 므 쎄르비르 드 스 쁠라

❹ **J'ai fait tombé la cuillère.**
제 패 똥베 라 뀌에르

❺ **Je voudrais du sel s'il vous plaît.**
주 부드레 뒤 쎌 실 부 쁠레

❻ **Puis-je avoir de l'eau?**
쀠-주 아브와르 드 로

❼ **Encore un peu de pain, sil vous plaît.**
앙꼬르 엉 쁘 드 뺑 실 부 쁠래

Le couteau (르 꾸또) : 나이프(칼)
La fourchette (라 푸흐쉐뜨) : 포크
La cuillère (라 뀌이에르) : 숟가락

앗! 단어장!

❻ 패스트푸드점

❶ 빅맥 햄버거와 콜라 한 병 주세요.

❷ 햄샌드위치 하나와 파인애플 주스 한 병 주세요.

❸ 음료는 무엇으로 하시겠습니까?

❹ 콜라로 주세요.

❺ 아이스크림 하나 주세요.

❻ 커피로 하겠어요.

❼ 더 주문하실 것은 없으십니까?

❽ 여기서 드실건가요, 가지고 가실건가요?

❾ 여기서 먹을 거예요.

6. 식당과 요리

❶ Je voudrais un Big Mac avec un coca.
주 부드레 엉 빅막 아벡 엉 꼬까

❷ Je voudrais un sandwich au jambon avec un jus d' ananas.
주 부드레 엉 썬드위치 오 장봉 아벡 엉 쥐 다나나

❸ Qu' est-ce que vous désirez comme boisson?
께스끄 부 데지레 꼼므 브와쏭

❹ Un coca s' il vous plaît.
엉 꼬까 실 부 쁠레

❺ Je voudrais une glace.
주 부드레 윈느 글라스

❻ Je prends un café.
주 프렁 엉 꺄페

❼ N' avez-vous pas d' autres choses à commander?
나베 부 빠 도트르 쇼즈 아 꼬망데

❽ Sur place ou à emporter?
쒸흐 쁠라스 우 아 엉뽁떼

❾ Sur place.
쒸흐 쁠라스

❼ 식사비의 계산!

❶ 계산서 부탁합니다.

❷ 봉사료까지 포함되어 있습니까?

❸ 카드로 계산해도 됩니까?

❹ 달러로 계산해도 됩니까?

❺ 제가 보기에 계산서가 잘못된 것 같습니다.

❻ 맛있었습니다.

L' addition (라디씨옹) : 계산서
Le frais de service (르 프레 드 세르비스)
　　　　　　　　　　　　　　: 서비스요금

6. 식당과 요리

❶ **L' addition s' il vous plaît.**
라디씨옹 실 부 쁠레

❷ **Est-ce que le service est compris dans l' addition?**
에스끄 르 쎄르비스 에 꽁프리 덩 라디씨옹

❸ **Acceptez-vous la carte?**
악쎕떼 부 라 꺅뜨

❹ **Puis-je payer en dollar?**
쀠 주 뻬이에 엉 돌라

❺ **Je pense qu' il y a une faute dans l' addition.**
주 뻥스 낄 이 아 윈느 포뜨 덩 라디씨옹

❻ **C' était très bon.**
쎄떼 트레 봉

La cuisine occidentale
　　　(라 뀌진느 옥시덩딸) : 양식
La cuisine chinoise
　　　(라 뀌진느 쉬느와즈) : 중식

앗! 단어장!

❽ 주점의 이용!

❶ 무슨 술을 드시겠습니까?

❷ 와인은 무엇이 있습니까?

❸ 백포도주 주세요.

❹ 순한 술도 있습니까?

❺ 이 지방의 특산주를 먹겠습니다.

❻ 맥주 주세요.

❼ 실례지만, 어떤 맥주가 있죠?

❽ 한 잔 더 주세요.

❾ 선물하기에 좋은 술은 무엇입니까?

6. 식당과 요리

❶ Qu'est-ce que vous désirez comme boisson alcoolisée?
께스끄 부 데지레 꼼므 브와쏭 알꼴리제

❷ Qu'est-ce que vous avez comme vin?
께스끄 부 자베 꼼므 뱅

❸ Je voudrais du vin blanc.
주 부드레 뒤 뱅 블랑

❹ Je voudrais une boisson peu alcoolisée.
주 부드레 윈느 브와쏭 뿌 알꼴리제

❺ J'aimerais goûter le vin du pays.
제므레 구떼 르 뱅 뒤 뻬이

❻ Une bière s'il vous plaît.
윈느 비에르 실 부 쁠레

❼ Qu'est-ce que vous avez comme bière?
께스끄 부 자베 꼼므 비에르

❽ Un autre verre s'il vous plaît.
언 오트르 베르 실 부 쁠레

❾ Aidez-moi à choisir un vin, c'est pour faire un cadeau.
에데 모아 아 슈와지르 엉 뱅 쎄 뿌흐 패르 엉 꺄도

식사 관련 단어들!

한국어	프랑스어	발음
식당	Le restaurant	르 레스또랑
식사	Le repas	르 흐빠
주문	La commande	라 꼬망드
메뉴판	La carte	라 꺅뜨

아침식사	Le petit déjeuner	르 쁘띠 데쥬네
점심식사	Le déjeuner	르 데쥬네
저녁식사	Le dîner	르 디네

양식 La cuisine occidentale
라 뀌진느 옥시덩딸

중식 La cuisine chinoise
라 뀌진느 쉬느와즈

전채요리 Le hors d' oeuvre
르 오흐되브르

샐러드 La salade
라 쌀라드

수프	La soupe	라 쑤쁘
밥	Le riz	르 히
빵	Le pain	르 뺑

계산서 L' addition 라 디씨옹
서비스요금 Le frais de service
르 프레 드 세르비스

6. 식당과 요리

한국어	Français	발음
웨이터	Le serveur	르 쎄흐뵈르
웨이트레스	La serveuse	라 쎄흐뵈즈
나이프(칼)	Le couteau	르 꾸또
포크	La fourchette	라 푸흐쉐뜨
숟가락	La cuillère	라 뀌이에르
냅킨	La serviette	라 쎄르비에뜨
재떨이	Le cendrier	르 썽드리에
쇠고기	Le boeuf	르 뵈프
돼지고기	Le porc	르 뽀흐
닭고기	Le poulet	르 뿔레
생선	Le poisson	르 뿌와쏭
양고기	L'agneau	라뇨
해물	Le fruit de mer	르 프뤼 드 메르
(아이스)커피	Le café (glacé)	르 꺄페 (글라쎄)
우유	Le lait	르 레
차	Le thé	르 떼
콜라	Le coca	르 꼬까
주스	Le jus	르 쥐
아이스크림	La glace	라 글라스
사과	La pomme	라 뽐므
포도	Le raisin	르 헤쟁
오렌지	L'orange	로랑주

✚ 프랑스 음식의 핵! 포도주와 빵!

프랑스에서는 음식을 먹을 때 항상 포도주를 같이 마시며 요리에서도 포도주가 사용되지 않는 경우가 거의 없고, 식당에서는 포도주 메뉴판이 별도로 있을 정도로 그들의 음식문화에 있어서 중요한 자리를 차지하고 있는데 포도주에도 음식마다 어울리는 종류가 따로 있습니다. 우선 백포도주는 해물 요리를 먹을 때 마시며, 적포도주는 고기 요리와 치즈를 먹을 때 잘 어울립니다. 또한 축하할 일이 있을때 우리도 자주 마시는 샴페인은 어떤 음식에도 잘 어울리지만 주로 후식처럼 단 맛이 나는 음식을 먹을 때 함께 마십니다.

대표적인 프랑스 빵으로는 우리에게 잘 알려진 바게뜨(Baguette)와 버터와 마가린을 넣어 만든 반달 모양의 크르와쌍(Croissant), 다양한 맛의 브리오슈(Brioche)가 있습니다. 크르와쌍(Croissant)과 브리오쉬(Briauche)는 주로 아침 식사 때 먹으며 맛이 밋밋한 바게뜨(Baguette)는 점심이나 저녁 식사 때에 소스 등을 찍어서 먹습니다.

프랑스 음식에 있어서 포도주와 빵은 입안에 있던 음식 맛을 제거해서 다음 음식의 새로운 맛을 느낄 수 있도록 해주는 중요한 역할을 하고 있습니다.

7. 쇼핑용 회화!

❶ 쇼핑 요령!

쇼핑은 미리 목록을 작성해서 하는 것이 좋습니다. 산지와 상점가의 위치도 미리 조사해 두도록 합니다. 구매물품에 대한 정보, 그러니까 가죽제품은 어느 지역, 어느 점포에서 사는 것이 좋고 싸다든지, 어디서 사야 진품을 구할 수 있는 지를 정보자료를 통해 미리 조사하도록 합니다.

빠르게 찾고 쉽게 말하는 여행회화! 여러분의 여행을 보다 즐겁고 편안하게 만들어 드립니다!!

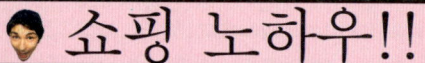
쇼핑 노하우!!!

'쇼핑의 천국 파리', 말 그대로 우리가 알고 있는 외국 유명 브랜드가 모두 한 자리에 모여 있습니다. 샤넬, 구찌, 크리스찬 디오르, 지방시 등의 유명한 의상 디자이너의 콜렉션이 열리는 곳이 바로 이곳이며 브랜드 본점이 있는 곳이기도 합니다. 쇼핑 품목도 의류, 화장품, 구두, 가방에서부터 인테리어 용품, 식기류, 테이블 웨어에 이르기까지 다양합니다.
일본인 관광객이 많이 쇼핑을 하러 오기 때문에 동양인에게도 친절하므로 구입은 하지 않더라도 아이 쇼핑으로 패션 감각을 키우는 기회로 삼아도 좋을 것 같습니다.
이곳 상점들의 영업 시간은 보통 09:00~18:00시이며 점심 때 쉬는 곳도 있고 일요일과 축제일은 휴무이며 월요일에 쉬는 곳도 있으므로 이 시간대를 피하여 쇼핑 계획을 세우는 것이 좋겠습니다.
그리고 'Soldes'(쏠드)라고 불리는 바겐 세일을 6월 말~8월, 12월 말~1월에 걸쳐서 실시하므로 이 기간을 이용하면 유명 브랜드를 30~50% 할인된 가격으로 구입할 수 있습니다.

❷ 파리의 주요 쇼핑가

● 샹젤리제 거리(Avenue des Champs-élysées) : 개선문에서부터 콩코드 광장까지의 샹젤리제 거리는 루이 뷔통, 니나 리치, 크리스찬 디오르 등의 일류 브랜드들이 모여 있는 대표적인 쇼핑 거리입니다.

● 파브르 생토노레 거리(Faubourg St. Honoré) : 세계적인 화장품 브랜드인 랑콤과 샤넬 슈트로 유명한 샤넬, 가죽제품 전문 브랜드인 에르메스 등의 브랜드가 있는 쇼핑가입니다.

7. 쇼핑용 회화

- **오페라 극장 주변 거리 :** 구두로 유명한 발리를 비롯해 인테리어 전문점과 보석 전문점, 초콜릿 전문점 들이 모여 있는 쇼핑 거리입니다.

- **벼룩시장 :** 다른 나라 여행시에 시간을 내어 벼룩시장을 한 번쯤 둘러 보면 의외의 횡재가 있을 수 있습니다. 주로 집에서 쓰던 중고품과 오래된 골동품들이 나오는데, 잘 찾아보면 여행지의 추억과 낭만이 깃든 자신만의 보물을 구입할 수도 있습니다. 프랑스 사람들은 브로깡뜨 (Brocante)라 하여 봄 가을에 한 두 번씩 야외에서 벼룩시장을 여는데 장식품에서부터 옷, 식기류까지 다양한 물건을 내놓고 있습니다. 파리의 대표적인 벼룩시장은 클리냥쿠르 (Clignancourt)로 고서, 도자기, 식료품, 의류에 이르기까지 다양한 물건이 나와 있으니 한 번 구경해 보는 것도 좋을 것 같습니다.

✚ 프랑스의 면세제도

프랑스 면세점에서 물건을 살 경우에, 상품 총 구매 가격이 2000프랑을 넘으면 면세 혜택을 받을 수 있습니다. 일반 상점에서도 면세 요청을 하면 혜택을 받을 수 있는데 면세 요청시 주는 서류를 잘 기입한 후에 출국 시 세관에 가서 상품과 함께 보여주어 스탬프를 받고 그 후 서류 중에서 분홍색 용지를 우체통에 넣으면, 귀국 후에 은행에서 돌려 받을 수 있습니다.

빠르게 찾고 쉽게 말하는 여행회화! 여러분의 여행을 보다 즐겁고 편안하게 만들어 드립니다!!

① 쇼핑하는 법!

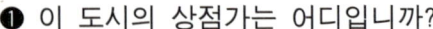

❶ 이 도시의 상점가는 어디입니까?

❷ 그저 보는 것뿐입니다.

❸ 이것과 같은 것이 있습니까?

❹ 옷을 입어 봐도 될까요?

❺ 신발을 신어 봐도 될까요?

❻ 이것은 남성(여성)용입니까?

❼ 좀 더 싼 것이 있습니까?

Le grand magasin (르 그렁 마갸장)
: 백화점
ouvert (우베흐) : 영업중

7. 쇼핑용 회화

❶ Où se trouve la rue commerçante de cette ville?
우 스 트루브 라 뤼 꼬메르쌍뜨 드 쎄뜨 빌

❷ Je regarde seulement.
쥬 흐갸흐드 쐴르망

❸ Avez-vous la même chose que celà?
아베 부 라 멤프 쇼즈 끄 슬라

❹ Puis-je essayer ce vêtement?
삐 주 에쎄이에 스 베뜨멍

❺ Puis-je essayer ces chaussures?
삐 주 에쎄이에 쎄 쇼쒸르

❻ C'est pour les hommes(les femmes)?
쎄 뿌흐 레 좀므(레 팜므)

❼ Est-ce que vous avez moins cher?
에스끄 부 자베 모앙 쉐르

앗! 단어장!

fermé (페르메) : 폐점
L' étiquette (레띠껫) : 가격표
Les soldes (레 쏠드) : 세일

❷ 물건값을 낼 때!

❶ 이걸 사겠습니다.

❷ 전부 합해서 얼마입니까?

❸ 제게는 너무 비쌉니다.

❹ 싸게 할 수 없습니까?

❺ 여기는 정찰제입니다.

❻ 계산이 틀리지 않나요?

❼ 현금으로 지불할게요.

L' étiquette (레띠껫) : 가격표
L' addition (라디씨옹) : 계산서
L' échantillon (레샹띠옹) : 견본

앗! 단어장!

7. 쇼핑용 회화

❶ **Je vais prendre celà.**
주 베 프랑드르 슬라

❷ **C'est combien en tout?**
쎄 꽁비앙 엉 뚜

❸ **C'est trop cher pour moi.**
쎄 트로 쉐르 뿌흐 모아

❹ **Pourriez-vous me baisser le prix?**
뿌리에 부 므 베쎄르 르 프리

❺ **Le prix est indiqué sur l'étiquette.**
르 프리 에 뗑디께 쉬흐 레띠껫

❻ **N'y a-t-il pas d'erreur dans la facture?**
니-야-띨 빠 데뢰르 덩 라 팍뛰르

❼ **Je vais payer en espèce.**
주 베 뻬이에 언 에스뻬스

Le chèque de voyage
(르 쉐끄 드 브와야주) : 여행자수표

Les soldes (레 쏠드) : 세일

③ 백화점 쇼핑!

❶ 실례합니다.

❷ 화장품은 어디에 있습니까?

❸ 그것은 어디에서 살 수 있습니까?

❹ ~을 사고 싶습니다.

❺ 이 두 개의 차이점이 뭔가요?

❻ 이것 두 개의 가격은 얼마입니까?

❼ 이 제품 흰색으로 있습니까?

❽ 탈의실은 어디입니까?

❾ 다른 것을 보여주십시오.

7. 쇼핑용 회화

❶ Excusez-moi.
엑스뀌제 모아

❷ Où sont les produits de beauté?
우 쏭 레 프로뒤 드 보떼

❸ Où peut-on l'acheter?
우 뿌-똥 라슈떼

❹ Je voudrais acheter ～.
주 부드레 아슈떼

❺ Quelle est la différence entre les deux.
껠에 라 디페렁스 엉트르 레 두

❻ Ça fait combien les deux?
싸 패 꽁비앙 레 두

❼ N' avez-vous pas celà en blanc?
나베 부 빠 슬라 엉 블랑

❽ Où est la cabine d' essayage?
우 에 라 꺄빈 데쎄이야주

❾ Pouvez-vous m' en montrer d' autres?
뿌베 부 멍 몽트레 도트르

④ 면세점 쇼핑!

❶ 면세점이 있습니까?

❷ 포도주를 사고 싶습니다.

❸ ~을 보여 주십시오.

❹ 여권을 보여 주십시오.

❺ 이것으로 주세요.

❻ 여행자 수표로 지불해도 됩니까?

앗! 단어장!

Le cadeau (르 꺄도) : 선물

Faire un paquet cadeau
　　(패르 엉 빠께 꺄도) : 포장하다

7. 쇼핑용 회화

❶ Où sont les boutiques hors taxe?
우 쏭 레 부띠끄 오흐 딱스

❷ Je voudrais acheter du vin.
주 부드레 아슈떼 뒤 뱅

❸ Montrez-moi～.
몽트레-모아

❹ Puis-je voir votre Passeport?
삐 주 브와르 보트르 빠스뽀흐

❺ Je prends celà.
주 프렁 슬라

❻ Prenez-vous le chèque de voyage?
프르네 부 르 쉐끄 드 브와야쥬

Le conseil d'utilisation
(르 꽁쎄이 뒤띨리자씨옹) : 설명서

L'échange (레샹주) : 교환

앗! 단어장!

❺ 기념품점 쇼핑!

❶ 기념품점은 어디에 있습니까?

❷ 무엇을 찾으십니까?

❸ 부모님께 드릴 선물을 원합니다.

❹ 이 도시의 특산품은 무엇입니까?

❺ 진열대에 있는 것을 보여 주세요.

❻ 포장을 해주십니까?

❼ 한국으로 부쳐주실 수 있습니까?

앗! 단어장!

La boutique de souvenirs
(라 부띠끄 드 수브니르) : 기념품점

chercher (쉐쉐) : 찾다

7. 쇼핑용 회화

❶ Où se trouvent les boutiques de souvenirs?
우 스 트루브 레 부띠끄 드 수브니르

❷ Qu' est-ce que vous cherchez?
께스끄 부 쉑쉐

❸ Je voudrais acheter un cadeau pour mes parents.
주 부드레 아슈떼 엉 꺄도 뿌흐 메 빠렁

❹ Quelle est la spécialité de cette ville?
껠 에 라 스뻬시알리떼 드 쎄뜨 빌

❺ Puis-je voir les articles de la vitrine?
뻬 주 브와르 레 작띠끌 드 라 비트린

❻ Pourriez-vous me faire un paquet cadeau?
뿌리에 부 므 패르 엉 빠께 꺄도

❼ Puis-je l' envoyer en Corée?
뻬 주 렁부와이에 엉 꼬레

Les articles (레 작띠끌) : 상품, 물건
Le cadeau (르 꺄도) : 선물
Le paquet cadeau (르 빠께까도) : 선물포장

앗! 단어장!

❻ 슈퍼마켓 쇼핑!

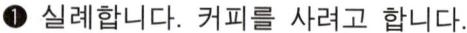

❶ 실례합니다. 커피를 사려고 합니다.

❷ ~파는 곳은 어디입니까?

❸ 유제품은 어디에 있습니까?

❹ 그 물건은 품절입니다.

❺ (쇼핑)백에 넣어주십시오.

❻ 종이 백을 드릴까요, 비닐 백을 드릴까요?

❼ 잔돈이 틀립니다.

7. 쇼핑용 회화

❶ S'il vous plaît, je voudrais acheter du café.
실 부 쁠레 주 부드레 아슈떼 뒤 꺄페

❷ Où est le rayon de ~?
우 에 르 헤이옹 드

❸ Où se trouvent les produits laitiers?
우 스 트루브 레 프로듸 레띠에

❹ Il y en a plus.
일 이 언 아 쁠뤼

❺ Pouvez-vous les mettre dans un sac, s'il vous plaît.
뿌베 부 레 메트르 덩 정 싹 실 부 쁠레

❻ Voulez-vous un sac en papier ou un sac plastique?
불레 부 엉 싹 엉 빠삐에 우 엉 싹 쁠라스띠끄

❼ Vous vous êtes trompé en me rendant la monnaie.
부 부 제뜨 트롱뻬 엉 므 헝덩 라 모네

쇼핑 관련 단어들!

● 쇼핑 관련 단어표현

한국어	프랑스어	발음
영업중	**ouvert**	우베흐
폐점	**fermé**	페르메
백화점	**Le grand magasin**	르 그렁 마갸장
세일	**Les soldes**	레 쏠드
가격표	**L' étiquette**	레띠껫
견본	**L' échantillon**	레샹띠옹
교환	**L' échange**	레샹주
설명서	**Le conseil d' utilisation**	르 꽁쎄이 뒤띨리자씨옹
선물	**Le cadeau**	르 까도
포장하다	**Faire un paquet cadeau**	패르 엉 빠께 꺄도
여행자수표	**Le chèque de voyage**	르 쉐끄 드 브와야주
기념품점	**La boutique de souvenirs**	라 부띠끄 드 수브니르

8. 우편, 전화, 은행!

❶ 우체국!

프랑스 우체국의 우편 업무 시간은 월~금요일 08:00~19:00, 토요일 08:00~12:00이며 우표는 우체국과 담배가게에서 구입할 수 있습니다. 프랑스 우체통은 노란색인데 우체통의 투입구중에서 오른쪽이 지방이나 해외용이므로 한국으로 보내는 것은 두 개중에서 오른쪽 투입구에 넣으면 됩니다.

소포의 경우는 우체국에 가서 보내게 되는데 운송방법에 따라 세 종류가 있습니다. 가장 빠른 chronopost(크로노포스트)와 항공편, 그리고 선편이 있으며 가격은 모두 무게에 따라 다르지만 chronopost(크로노포스트)가 제일 비싸고 선편이 가장 쌉니다.

우편|국제전화|은행

편지나 소포를 보낼 때 받는 사람의 주소는 한글로 써도 되지만 국가명만은 우측 제일 하단에 **SOUTH KOREA**라고 써 주어야 합니다.

❷ 국제전화!

프랑스의 공중전화는 우리처럼 카드와 동전 사용의 두 종류가 있지만 요즘은 거의 카드식 전화이며 전화 박스마다 전화번호가 있어서 받는 기능도 할 수 있습니다. 전화카드는 따바 (Tabac)이라는 담배가게나 키오스크 (Kiosque), 지하철역에서 구입할 수 있으며 시내 통화를 50통 할 수 있는 것과 120통 할 수 있는 것, 두가지 종류가 있습니다.
주말이나 공휴일, 그리고 평일 밤 9시30분부터 요금 할인이 되니 이 시간대를 이용하도록 합니다.

ⓐ 공중전화로 통화하는 방법 :

공중전화로 국제전화를 걸 경우는 동전이나 카드를 먼저 넣은 후 (서울 929-2882로 전화를 건다고 할 때) **00-82-2-929-2882**를 누르면 됩니다. 이 때 00은 국제식별코드 (**international access code**)이며, 82는 한국의 코드번호 (**country code**), 2는 서울의 지역번호, 그리고 전화번호 929-2882가 됩니다. 외국에서 한국으로 전화할 때는 지역번호 앞의 0은 빼고 전화합니다.

ⓑ 통신사별 국제전화카드를 사용해서 전화하는 방법 :

다음의 통신사별 교환, 카드접속번호를 누른 후 안내방송에 따라서 전화를 걸면 됩니다.

8. 우편, 전화, 은행!

```
한국통신    080-0080-0082
데이콤      0800-080-0820
온세통신    0800-33-70700
```

✚ 국제전화 후불카드

여행을 떠나기 전에 각 통신사에서 제공하는 국제전화 후불카드를 만들면 현지에서 현금없이도 한국으로 전화를 걸 수 있습니다. 국제전화 후불카드란 본인이 지정하는 전화번호로 카드를 발급받아서 외국에서 사용한 후에 요금은 지정한 전화번호 청구서로 부과되는 제도로서 요금이 저렴하고 한국어 안내방송에 따라서 걸면 되므로 편리하다는 장점이 있습니다. 통신사별 국제전화후불카드 신청번호는 다음과 같습니다.

```
한국통신    080-2580-161
데이콤      082-100
온세통신    083-100
```

❸ 은행의 이용!

여행객은 주로 환전이나 송금을 받기 위해 은행을 이용하게 되는데, 은행의 이용 가능한 시간은 09:00~12:00, 14:00~16:00이며 지방은 월요일에 종종 문을 닫습니다.
환전은 은행외에 공항이나 기차역, 환전소에서도 가능하지만 은행에서 하는 것이 가장 유리합니다. 환전하는 장소에 따라 환율이 고정되지는 않는다 하더라도 교환 환율은 꼭 공시되어 있으므로 참고 하도록 합니다.

❶ 우편물 보내기!

❶ 이 근처에 우체국이 있습니까?

❷ 우체통은 어디 있습니까?

❸ 편지를 한국에 항공편으로 보내려 합니다.

❹ 이 엽서를 한국으로 보내고 싶습니다.

❺ 한국에 도착하는데 몇 일 걸립니까?

❻ 우표값은 얼마입니까?

❼ 얼마입니까?

❽ 이 편지를 등기로 부쳐 주십시오.

❾ 이 전보를 쳐주십시오.

8. 우편, 전화, 은행!

❶ Y a-t-il un bureau de poste près d'ici?
이-아-띨 엉 뷔로 드 뽀스뜨 프레 디씨

❷ Où est la boîte aux lettres?
우 에 라 부와뜨 오 레트르

❸ Je voudrais expédier cette lettre en Corée par avion.
주 부드레 엑스뻬디에 쎄뜨 레트르 엉 꼬레 빠흐 아비옹

❹ Je voudrais expédier cette carte postale en Corée
주 부드레 엑스뻬디에 쎄뜨 꺅뜨 뽀스딸 엉 꼬레

❺ Dans combien de jours cette lettre arrivera-t-elle en Corée?
떵 꽁비앙 드 주흐 쎄뜨 레트르 아리브라 뗄 엉 꼬레

❻ Quel est le prix du timbre?
깰 에 르 프리 뒤 땡브르

❼ Combien celà fait-il?
꽁비앙 쓰라 패-띨

❽ Je voudrais expédier cette lettre en recommandé.
주 부드레 엑스뻬디에 쎄뜨 레트르 엉 흐꼬망데

❾ Je voudrais expédier ce telegramme.
주 부드레 엑스뻬디에 스 뗄레그람므

❷ 소포 보내기!

❶ 이 소포를 보내고 싶습니다.

❷ 소포용 상자가 있습니까?

❸ 소포용으로 포장해 주세요.

❹ 이 소포를 선편으로 부치려 합니다.

❺ 소포 12개를 서울로 보내고 싶습니다.

❻ 소포를 등기로 보내시겠습니까?

❼ 소포에 '취급주의' 라고 표시해 주십시오.

앗! 단어장!

Le colis (르 꼴리) : 소포
La lettre (라 레트르) : 편지
La carte postale (라 꺄프뜨 뽀스딸) : 엽서

8. 우편, 전화, 은행!

❶ **Je voudrais envoyer ce colis.**
주 부드레 엉부와이에 스 꼴리

❷ **Avez-vous une boîte d' emballage?**
아베 부 윈느 부와뜨 덩발라주

❸ **Faites-moi un paquet à expédier.**
패뜨 모아 엉 빠께 아 엑스뻬디에

❹ **Je vais envoyer ce colis en bateau.**
주 베 정부와이에 스 꼴리 엉 바또

❺ **Je voudrais envoyer ces 12 colis en Corée.**
주 부드레 엉부와이에 쎄 두즈 꼴리 엉 꼬레

❻ **Voulez-vous envoyer ces colis en recommandé?**
불레 부 엉부와이에 쎄 꼴리 엉 흐꼬망데

❼ **Marquez le mot <Fragile> sur le colis.**
막께 르 모 프라질 쒸흐 르 꼴리

L' exprès (렉스프레스) : 속달

La lettre recommandée
    (라 레트르 흐꼬망데) : 등기우편

앗! 단어장!

③ 공중전화 걸기!

❶ 공중전화는 어디에 있습니까?

❷ 이 전화로 국제전화를 걸 수 있습니까?

❸ 이 전화를 어떻게 겁니까?

❹ 한국의 국가번호를 가르쳐주시겠습니까?

❺ 이 번호로 전화거는 방법을 가르쳐주세요.

❻ 긴급입니다.

❼ 거기가 대한항공 대리점 맞습니까?

8. 우편, 전화, 은행!

❶ Où est la cabine téléphonique?
우 에 라 꺄빈 뗄레포니끄

❷ Puis-je appeler à étranger avec ce téléphone?
쀠 주 아쁠레 아 에트랑제 아벡 스 뗄레폰

❸ Comment je peux utiliser ce téléphone?
꼬망 주 뿌 위띨리제 스 뗄레폰

❹ Quel est le code du pays de la Corée?
껠에 르 꼬드 뒤 뻬이 드 라 꼬레

❺ Dites-moi comment on doit appeler ce numéro, s'il vous plait.
디뜨 모와 꼬망 옹 드와 아쁠레 스 뉘메로 실 부 쁠레

❻ C'est un appel urgent.
쎄 뗀 아뻴 위흐정

❼ Allô, je suis bien chez l' agence de Korean air?
알로 주 쉬 비앙 쉐 라정스 드 꼬레안 에르

④ 전화대화 표현!

❶ 여보세요. 거기가 김 선생님댁 맞습니까?

❷ 전화거신 분은 누구십니까?

❸ 저는 ~라고 합니다.

❹ 내선 351번 부탁합니다.

❺ ~씨를 바꿔 주세요.

❻ 미안합니다. 잘못 걸었습니다.

❼ 그는 지금 외출중입니다.

❽ 언제쯤 돌아옵니까?

❾ ~에게 전화가 왔었다고 전해 주십시오.

8. 우편, 전화, 은행!

❶ Allô, je suis bien chez monsieur Kim?
알로 주 쉬 비앙 쉐 뭇슈 김

❷ Qui est à l'appareil?
끼 에 따 라빠레이

❸ C'est (Monsieur)~ qui vous parle.
쎄 (뭇슈) 끼 부 빠흘르

❹ Je voudrais le poste 351, S'il vous plaît.
주 부드레 르 뽀스뜨 트루아 썽 쎙껭떼 엉 실 부 쁠레

❺ Je voudrais parler à Monsieur ~.
주 부드레 빠흘레 아 뭇슈

❻ Désolé, vous vous êtes trompé de numéro.
데졸레 부부 제뜨 트롱뻬 드 뉘메로

❼ Il n'est pas là en ce moment.
일 네 빠 라 엉 스 모망

❽ Quand est-ce qu'il revient?
껑 떼스낄 흐비앙

❾ Voulez-vous lui dire qu'il y a eu un coup de téléphone de la part de ~.
불레-부 뤼 디르 낄리아 위 엉 꾸 드 뗄레폰 드 라 빠흐뜨 드

❺ 국제전화 걸기!

❶ 교환입니다. 무엇을 도와드릴까요?

❷ 한국으로 전화를 하고 싶습니다.

❸ 잠깐만 기다리세요.

❹ 지금 국제전화 교환원을 연결해 드리겠습니다.

❺ 한국의 서울로 직접 전화할 수 있습니까?

❻ 한국으로 국제전화를 걸고 싶습니다.

❼ 수신자부담으로 해주세요.

❽ 요금은 여기서 지불하겠습니다.

❾ 전화번호는 82-2-513-7612입니다.

8. 우편, 전화, 은행!

❶ Allô, je peux vous aidez?
알로 주 뿌 부 제데

❷ Je voudrais téléphoner en Corée?
주 부드레 뗄레포네 엉 꼬레

❸ Patientez un instant, s'il vous plaît.
빠씨엉떼 언 앵스떵 실 부 쁠레

❹ Je vais vous connecter avec une standardiste internationale.
주 베 부 꼬넥떼 아벡 뀐느 스떵닥디스뜨 앵떼호나씨오날

❺ Je peux appeler en Corée directement?
주 뿌 자쁠레 엉 꼬레 디렉뜨멍

❻ Je voudrais faire un appel international en Corée?
주 부드레 패르 엉 아뺄 앵떼호나씨오날 엉 꼬레

❼ Faites cet appel en P. C. V. s'il vous plaît.
페뜨 세따뺄 엉 뻬 쎄 베 실 부 쁠레

❽ C'est moi qui paie la communication.
쎄 모아 끼 빼 라 꼬뮈니까씨옹

❾ Le numéro est 82-2-513-7612.
르 뉘메로 에 꺄트르 뱅 두 두 쌩썽트레즈 스와썽뜨 쎄즈 두즈

⑥ 호텔에서의 전화!

❶ 여보세요, 교환이죠?

❷ 한국으로 장거리전화를 부탁합니다.

❸ 서울의 이은숙 양을 부탁합니다.

❹ 전화번호는 서울의 1234-5660번 입니다.

❺ 선생님의 성함과 룸넘버를 말씀해 주세요.

❻ 저의 이름은 김민수이며, 303호실입니다.

❼ 끊지말고 잠시 기다려 주세요.

❽ 상대방이 나왔습니다. 말씀하세요.

8. 우편, 전화, 은행!

❶ Allô, la standardiste s'il vous plaît.
알로 라 스땅닥디스뜨 실 부 쁠레

❷ Je voudrais faire la communication internationale en Corée.
주 부드레 패르 라 꼬뮈니까씨옹 앵떼흐나씨오날 엉 꼬레

❸ Je voudrais parler à Mademoiselle Lee à Seoul.
주 부드레 빠흘레 아 마드모아젤 이 아 쎄울

❹ Le numéro est à Séoul 1234-5660.
르 뉘메로 에 따 쎄울 두즈 트렁뜨 꺄트르 쌩껑뜨 씨스 스와썽뜨

❺ Votre nom et le numéro de chambre?
보트르 농 에 르 뉘메로 드 샹브르

❻ Mon nom est Kim, chambre numéro 303.
몽 농 에 김 샹브르 뉘메로 트루와 썽 트루아

❼ Ne quittez pas.
느 끼떼 빠

❽ La personne est en ligne, vous pouvez parler.
라 뻬흐쏜느 에 떵 린뉴 부 뿌베 빠흘레

우편|전화 관련 단어!

➲ 우편 관련 단어표현

우체국	**La poste**	라 뽀스뜨
엽서	**La carte postale**	라 꺄흐뜨 뽀스딸
편지	**La lettre**	라 레트르
편지봉투	**L' enveloppe de lettre**	
	렁블롭 드 레트르	
발신인	**L' expéditeur**	렉스뻬디뙤르
수신인	**Le destinataire**	르 데스띠나떼르
주소	**L' addresse**	라드레스
우체통	**La boîte aux lettres**	
	라 부와뜨 오 레트르	
등기우편	**La lettre recommandée**	
	라 레트르 호꼬망데	
속달	**L' exprès**	렉스프레스
우표	**Le timbre**	르 땡브르
선편으로	**En bateau**	엉 바또
항공우편으로	**Par avion**	빠흐 아비옹
소포	**Le colis**	르 꼴리
취급주의	**Fragile**	프라질

➲ 전화 관련 단어표현

공중전화	**Le téléphone publique**	
	르 뗄레폰 쀠블리끄	

8. 우편, 전화, 은행!

전화박스	**La cabine téléphonique** 라 꺄빈 뗄레포니끄
전화번호	**Le numéro de téléphone** 르 뉘메로 드 뗄레폰
휴대전화	**Le téléphone mobile** 르 뗄레폰 모빌
긴급전화	**L' appel urgent** 라뺄 위흐정
시내통화	**La communication locale** 라 꼬뮈니꺄씨옹 로꺌
장거리전화	**La communication nationale** 라 꼬뮈니꺄씨옹 나씨오날
국제전화	**La communication internationale** 라 꼬뮈니꺄씨옹 앵떼흐나씨오날
교환	**La standardiste** 라 스떵닥디스뜨
국가번호	**Le code du pays** 르 꼬드 뒤 뻬이
지역번호	**Le code de la région** 르 꼬드 드 라 헤지옹
콜렉트콜	**P. C. V (paiement contre vérification)** 뻬 쎄 베 (뻬망 콩트르 베리피꺄씨옹)
일반통화	**La communication normale** 라 꼬뮈니꺄씨옹 노흐말

7 은행의 이용!

❶ 여행자수표를 현금으로 바꾸고 싶습니다.

❷ ~ 바꿔 주십시오.

❸ 여권 좀 보여주시겠습니까?

❹ 네, 여기 여행자 수표도 있습니다.

❺ 수표마다 서명해주시겠어요?

❻ 달러로 바꿔 주십시오.

❼ 잔돈도 섞어 주십시오.

8. 우편, 전화, 은행!

❶ Je voudrais changer ce chèque de voyage en espèce.
주 부드레 샹제 스 쉐끄 드 브와야주 언 에스뻬스

❷ Pouvez-vous me changer ces~.
뿌베 부 므 샹제 쎄~

❸ Puis-je voir votre passeport?
삐 주 브와르 보트르 빠스뽀흐

❹ Oui, voilà les chèques de voyage.
위 브왈라 레 쉐끄 드 브와야주

❺ Faites la signature sur les chèques de voyage.
패뜨 라 시냐뛰르 쒸흐 레 쉐끄 드 브와야주

❻ Je voudrais changer ce chèque de voyage en dollar.
주 부드레 샹제 스 쉐끄 드 브와야주 엉 돌라

❼ Je voudrais avoir de la petite monnaie.
주 부드레 아브와르 드 라 쁘띠뜨 모네

❽ 잔돈 바꾸기!

❶ 잔돈 좀 섞어 주세요.

❷ 달러를 유로로 좀 바꾸려고 합니다.

❸ 얼마 바꾸시길 원하세요?

❹ 500불입니다.

❺ 잔돈으로 바꿔주세요.

❻ 어떻게 바꿔드릴까요?

❼ 10유로짜리 9장, 1유로짜리 10개로 주세요.

❽ 10유로를 모두 동전으로 바꾸어 주세요.

❾ 100유로를 달러로 교환해 주세요.

8. 우편, 전화, 은행!

❶ Puis-je avoir les petites pièces?
쀠 주 아브와르 레 쁘띠뜨 삐에스

❷ Je voudrais changer le dollar en euro.
주 부드레 샹제 르 돌라 언 오로

❸ Combien voulez-vous changer?
꽁비앙 불레 부 샹제

❹ 500 dollars.
쌩 썽 돌라

❺ J'ai besion de petites pièces.
제 브주앙 드 쁘띠뜨 삐에스

❻ Comment voulez-vous les changer?
꼬망 불레 부 레 샹제

❼ Donnez-moi 9 billets de 10 euros et 10 pièces de 1 euro.
도네 모아 뇌프 비에 드 디조로 에 디 삐에스 드 언오로

❽ Pouvez-vous me faire la monnaie de 10 euros?
뿌베 부 므 패르 라 모네 드 디조로

❾ Je voudrais changer 100 euros en dollar.
주 부드레 샹제 썽 오로 엉 돌라

은행 관련 단어들!

➡ 은행 관련 단어표현

환전소	**Le bureau de change**	
	르 뷔로 드 샹주	
환율	**Le cours de change**	
	르 꾸흐 드 샹주	
잔돈	**La monnaie**	라 모네
지폐	**Le billet de banque**	
	르 비에 드 방끄	
동전	**La pièce**	라 삐에스
여행자수표	**Le chèque de voyage**	
	르 쉐끄 드 브와야주	
서명	**La signature**	라 씨냐뛰르
바꾸다	**changer**	샹제
달러	**Le dollar**	르 돌라
유로	**L' euro**	뢰로

9. 교통수단!

고속 철도 테제베(TGV)와 파리의 지하철 메트로(Métro), 프랑스에는 배낭 여행객들이 편리하게 관광을 할 수 있도록 여러 교통 수단이 잘 짜여져 있습니다. 세계적인 관광의 나라, 프랑스의 교통수단에 대해 간단하게 정리해 보도록 하겠습니다.

❶ 철도의 이용!

프랑스의 고속철도 테제베(TGV)는 빠르고 쾌적하며 전국적으로 광범위하게 연결되어 있는데 유레일 패스로 이 테제베(TGV)를 이용하려면 미리 예약하여야 하며 그렇지 않을 경우에는 추가 요금이 붙습니다.

빠르게 찾고 쉽게 말하는 여행회화! 여러분의 여행을 보다 즐겁고 편안하게 만들어 드립니다!!

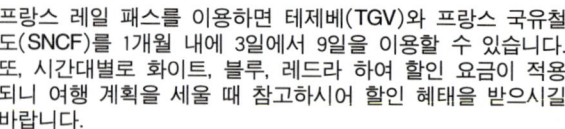
교통수단의 이용!

프랑스 레일 패스를 이용하면 테제베(TGV)와 프랑스 국유철도(SNCF)를 1개월 내에 3일에서 9일을 이용할 수 있습니다. 또, 시간대별로 화이트, 블루, 레드라 하여 할인 요금이 적용되니 여행 계획을 세울 때 참고하시어 할인 혜택을 받으시길 바랍니다.
주간 기차의 좌석은 가운데 통로가 있고 좌우로 좌석이 배치된 코치(Coach)와, 차량의 한쪽에 한 사람이 지나갈 만한 긴 통로가 나 있고 통로를 따라 6~8명이 마주 보고 앉아 있을 수 있는 크기의 캐빈이 이어져 있는 컴파트먼트(Compartment)의 두 종류가 있습니다.

❷ 버스의 이용!

파리를 중심으로 방사형으로 RATP 버스가 전국을 연결합니다. 패스는 관광 안내소나 터미널에서 구입하며, 티켓은 운전사에게서 직접 구입합니다.
파리 시내의 버스는 지하철과 공통으로 티켓을 사용하므로 지하철 매표소에서 구입을 합니다. 정류장에서는 손을 흔들어야 버스가 그냥 지나치지 않으며, 내릴 때에는 빨간 버튼을 눌러야 하고 어떤 버스는 정차 후 문 옆의 버튼을 눌러야 문이 열리는 것도 있습니다.

❸ 택시의 이용!

택시 승강장에만 택시들이 있으므로 그곳에 가서 이용하며, 그렇지 않을 경우에는 콜택시를 이용합니다. 시간대별로 요금이 다르게 적용되는데 A, B, C 중에서 A가 가장 싼 요금이 적용되는 시간대입니다.

9. 교통수단

❹ 렌터카의 이용!

여행을 떠나기 전에 미리 국제운전면허증을 발급받았고 운전에 자신이 있는 사람이라면 렌터카를 이용하여 프랑스 관광을 해 보도록 합니다. 먼저 예약은, 국내에서 미리 하는 것이 편리하기는 하지만 언어소통에 문제가 없다면 현지에서 직접 차종을 보고 빌리는 것도 괜찮습니다.

차를 렌트할 때에는 여권과 국제운전면허증, 국내운전면허증, 그리고 신분 증명으로 크레디트카드가 필요합니다. 고속도로에서는 도로 이용료를 내야 하는데 유인과 무인의 두 가지가 있으며 고속도로 입구에서 티켓을 뽑고 출구에서 요금을 지불하면 됩니다.

그리고 안전벨트 착용이 뒷좌석까지 의무화 되어 있으므로 주의하도록 합니다. 차가 많은 프랑스 역시 불법 주차에 대한 단속이 심하므로 시내 곳곳에 있는 주차장을 이용하도록 합니다. 주차선은 흰선으로 표시되어 있고 노란선은 배달차량 전용 주차선이므로 주차하지 않도록 합니다. 주차시에는 주차권 자동 판매기에서 필요한 시간만큼 돈을 넣어 주차권을 뽑아서 차 앞 유리에 꽂아두면 됩니다.

✚ 파리 지하철, Métro

파리의 지하철 메트로(Métro)는 노선 수가 14개로 파리 전역을 연결하고 있는데 그 중에서도 1번선과 4번선이 주요 명소를 연결하는 노선입니다. 티켓은 지하철 역 주변 가게나 지하철 매표 창구에서 구입할 수 있으며 10매를 하나로 묶은 카르네(Carnet)가 경제적이므로 이용하도록 합니다.

빠르게 찾고 쉽게 말하는 여행회화! 여러분의 여행을 보다 즐겁고 편안하게 만들어 드립니다!!

① 철도의 이용! 1.

❶ 이 열차의 좌석을 예약하고 싶습니다.

❷ 좌석을 예약해야 합니까?

❸ 급행이 있습니까?

❹ 이 표를 취소해도 될까요?

❺ ~까지 가는 이등 편도표 1장 주십시오.

❻ ~가는 기차는 어느 역에서 떠납니까?

❼ 이 열차가 ~가는 것입니까?

❽ 몇 번 플랫폼에서 떠납니까?

❾ 어디에서 갈아탑니까?

9. 교통수단

❶ Je voudrais réserver une place dans ce train.
주 부드레 헤제르베 윈느 쁠라스 덩 스 트렝

❷ Faut-il faire la réservation de la place?
포띨 패르 라 헤제르바씨옹 드 라 쁠라스

❸ Y a-t-il un express ?
이 아 띨 언 엑스프레스

❹ Peut-on annuler ce billet?
뿌-똥 아뉠레 스 비에

❺ Donnez-moi un aller simple en deuxième classe pour~.
도네 모아 언 알레 쌩쁠 엉 두지엠므 끌라스 뿌흐~

❻ De quelle gare part le train pour ~ ?
드 껠 갸흐 빠흐 르 트렝 뿌흐

❼ Est-ce bien le train pour?
에-스 비앙 르 트렝 뿌흐

❽ De quel quai part le train?
드 껠 께 빠흐 르 트렝

❾ Où dois-je changer de train?
우 드와-주 샹제 드 트렝

❷ 철도의 이용! 2.

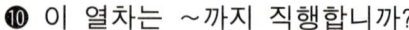

❿ 이 열차는 ~까지 직행합니까?

⓫ 이 자리 비었습니까?

⓬ 여기는 제 자리입니다.

⓭ 지금 어디를 지나고 있습니까?

⓮ 다음 역은 어디입니까?

⓯ 이 열차는 ~에서 정차합니까?

⓰ 얼마간 정차합니까?

La gare (라 갸호) : 기차역
Le train (르 트랭) : 기차
Le guichet (르 기쉐) : 매표소

앗! 단어장!

9. 교통수단

❿ Ce train va-t-il directement jusqu'à?
스 트랭 바-띨 디렉뜨망 쥐스꺄

⓫ Cette place est-elle occupée?
쎄뜨 쁠라스 에-뗄 오뀌뻬

⓬ Je pense que c'est ma place.
주 뻥스 끄 쎄 마 쁠라스

⓭ Où passe-t-on maintenant?
우 빠쓰-똥 맹뜨낭

⓮ Quelle est la prochaine gare?
껠 에 라 프로셴느 갸흐

⓯ Ce train s'arrête-t-il à ~ ?
쓰 트랭 싸레뜨 띨 아

⓰ Pendant combien de temps le train s'arrête-t-il ici?
뼁덩 꽁비앙 드 떵 르 트랭 싸레뜨-띨 이씨

앗! 단어장!

La première classe
(라 프르미에르 끌라스) : 1등석

La deuxième classe
(라 두지엠므 끌라스) : 2등석

❸ 버스의 이용! 1.

❶ ~가는 버스정류장은 어디입니까?

❷ 이 버스는 ~까지 갑니까?

❸ ~공원 가는 버스입니까?

❹ ~까지 얼마입니까?

❺ 버스 안에서 차표를 살 수 있습니까?

❻ 빠리1 대학교까지 표 두 장 주세요.

❼ ~동물원행 버스는 언제 출발합니까?

L' arrêt de l' autobus
(라레 드 로또뷔스) : 버스정류장
L' autobus (로또뷔스) : 시내버스

앗! 단어장!

9. 교통수단

❶ Où se trouve l'arrêt de l'autobus qui va à ~?
우 스 트루브 라레 드 로또뷰스 끼 바 아

❷ Cet autobus va-t-il jusqu'à ~?
쎄 또또부스 바-띨 쥐스꺄

❸ Ce bus va-t-il au jardin de ~.
스 뷔스 바 띨 오 자흐당 드~

❹ Quel est le tarif pour ~?
껠 에 르 따리프 뿌흐

❺ Peut-on acheter le ticket dans le bus?
쁘똥 아슈떼 르 띠께 덩 르 뷔스

❻ Deux tickets pour aller jusqu' à l' université Paris 1.
두 띠께 뿌흐 알레 쥐스꺄 뤼니벡씨떼 빠리 엉

❼ Quand part le bus qui va au zoo?
껑 빠흐 르 뷔스 끼 바 오 조

L'autocar (로또꺄르) : 관광버스

La gare routière (라 갸흐 후띠에르) : 시외버스터미널

앗! 단어장!

④ 버스의 이용! 2.

❽ 이 버스 에펠탑에 갑니까?

❾ 다음 버스는 몇 시에 옵니까?

❿ 몇 시간 걸립니까?

⓫ 어디에서 갈아타야 합니까?

⓬ 다음 정거장에서 내립니다.

⓭ 여기가 제가 내려야할 곳인가요?

⓮ 여기서 내려 주십시오.

⓯ 다음 정거장에서 내리겠습니다.

⓰ 그곳에 도착하면, 저에게 좀 알려주세요.

9. 교통수단

❽ Ce bus va-t-il à la tour Eiffel?
스 뷔스 바 띨 아 라 뚜흐 에펠

❾ Quand est-ce qu'il vient le prochain bus?
껑 떼스낄 비앙 르 프로쉥 뷔스

❿ Ça va prendre combien de temps?
싸바 프렁드르 꽁비앙 드 떵

⓫ Où dois-je changer de bus?
우 드와 주 샹제 드 뷔스

⓬ Je descends au prochain arrêt.
주 데썽 오 프로쉔 아레

⓭ Dois-je descendre ici?
드와 주 데썽드르 이씨

⓮ Déposez-moi ici, s'il vous plaît.
데뽀제 모아 이씨 실 부 쁠레

⓯ Je vais descendre au prochain arrêt.
주 베 데썽드르 오 프로쉔 아레

⓰ Pouvez-vous me prévenir quand on y sera?
뿌베 부 므 프레브니르 껑 똔이 스라

❺ 선박의 이용!

❶ ~가는 배를 타는 곳은 어디입니까?

❷ 1등선실을 예약하고 싶습니다.

❸ 마르세유까지 가는 배는 어디서 탑니까?

❹ 승선시간은 몇 시 입니까?

❺ 언제 떠납니까?

❻ 몇 시간 걸립니까?

❼ 뱃멀미가 좀 납니다.

9. 교통수단

❶ Où se fait l'embarquement pour le bateau qui va à ~ ?
우 쓰 패 렁박끄멍 뿌흐 르 바또 끼 바 아

❷ Je voudrais réserver une place en première classe.
주 부드레 헤제르베 윈느 쁠라스 엉 프르미에르 끌라스

❸ Où est-ce que je peux prendre le bateau pour Marseille?
우 에스끄 주 뿌 프렁드르 르 바또 뿌흐 막세이유

❹ Quand est-ce qu'on embarque?
껑 떼스 꽁 엉바흐끄

❺ Quand ce bateau part-il?
껑 스 바또 빠흐 띨

❻ Ça va prendre combien de temps?
싸 바 프렁드르 꽁비앙 드 떵

❼ J'ai le mal de mer.
제 르 말 드 메르

❻ 지하철의 이용!

❶ 이 근처에 지하철역이 있습니까?

❷ 가장 가까운 지하철역은 어디입니까?

❸ 어디에서 표를 삽니까?

❹ 지하철 노선표 한 장 주십시오.

❺ 박물관은 지하철로 어떻게 갑니까?

❻ 시립 도서관은 어디에서 갈아탑니까?

❼ 지하철 표 한 장 주십시오.

❽ ~은 어디에서 내립니까?

❾ ~에 가려면 몇 번 출구로 가야 합니까?

9. 교통수단

❶ Est-ce qu'il y a une station de métro près d'ici?
에스낄 이 아 왼느 스따씨옹 드 메트로 프레 디씨

❷ Quelle est la station de métro la plus proche?
껠 에 라 스따씨옹 드 메트로 라 쁠뤼 프로슈

❸ Où peut-on acheter le ticket?
우 뿌똥 아슈떼 르 띠께

❹ Puis-je avoir un plan de métro?
삐 주 아브와르 엉 쁠랑 드 메트로

❺ Comment je peux aller au musée en métro?
꼬망 주 뿌 알레 오 뮈제 엉 메트로

❻ Où est-ce que je dois changer de métro pour aller à la bibliothèque municipale?
우 에스끄 주 드와 샹제 드 메트로 뿌흐 알레 아 라 비블리오떼끄 뮈니씨빨

❼ Un ticket de métro, s'il vous plaît.
엉 띠께 드 메트로 실 부 쁠레

❽ Où dois-je descendre pour aller à ~?
우 드와 주 데썽드르 뿌흐 알레 아~

❾ Quelle est la bonne sortie pour aller à ~?
껠에 라 본느 쏙띠 뿌흐 알레 아

❼ 택시의 이용!

❶ 택시 승차장은 어디입니까?

❷ (메모를 보이면서) 이 주소로 가 주십시오.

❸ 메르뀌르 호텔로 가주세요.

❹ 박물관까지 요금이 얼마정도 나옵니까?

❺ 거기까지 가는 데 얼마나 걸립니까?

❻ 빨리 좀 가 주세요. 좀 늦었는데요.

❼ 오른쪽으로 돌아주세요.

❽ 여기서 세워주세요.

❾ 요금은 얼마입니까?

9. 교통수단

❶ **Où est la station de taxi?**
우에 라 스따씨옹 드 딱시

❷ **Pouvez-vous me conduire à cette addresse?**
뿌베 부 므 꽁뒤르 아 쎄뜨 아드레쓰

❸ **Allez à l'hôtel Mercure, s'il vous plaît.**
알레 아 로뗄 메르뀌르 실 부 쁠레

❹ **Combien ça ferait jusqu'au musée.**
꽁비앙 싸 프레 쥐스꼬 뮈제

❺ **Ça prend combien de temps pour aller jusqu'à là?**
싸 프렁 꽁비앙 드 떵 뿌흐 알레 쥐스꺄 라

❻ **Pouvez-vous accelérer un peu, je suis en retard.**
뿌베 부 악셀레레 엉 뿌 주 쉬 정 흐따흐

❼ **Tournez à droite.**
뚜흐네 아 드루와뜨

❽ **Arrêtez-vous là.**
아레떼 부 라

❾ **Je vous dois combien?**
주 부 드와 꽁비앙

⑧ 렌터카의 이용!

❶ 렌터카는 어디에서 빌립니까?

❷ 차를 빌리고 싶습니다.

❸ 어떤 차종이 있습니까?

❹ 이 차를 하루 쓰고 싶습니다.

❺ 요금표를 보여 주십시오.

❻ 하루에 얼마입니까?

❼ 보험에 들고 싶습니다.

❽ 보증금은 얼마입니까?

❾ 사고가 나면 어디에 연락합니까?

9. 교통수단

❶ Où est-ce que je peux louer une voiture.
우 에스끄 주 뿌 루에 윈느 브와뛰르

❷ Je voudrais louer une voiture.
주 부드레 루에 윈느 브와뛰르

❸ Je voudrais savoir sur la gamme de véhicules.
주 부드레 싸부와르 쒸흐 라 갸암므 드 베이뀔

❹ Je voudrais louer cette voiture pour un jour.
주 부드레 루에 쎄뜨 브와뛰르 뿌흐 엉 주흐

❺ Je voudrais savoir les tarifs proposés.
주 부드레 싸부와르 레 따리프 프로뽀제

❻ C'est combien la location pour un jour?
쎄 꽁비앙 라 로꺄씨옹 뿌흐 엉 주흐

❼ Je voudrais m'assurer contre les accidents.
주 부드레 마쒜레 꽁트르 레 작시덩

❽ Combien dois-je déposer pour la caution?
꽁비앙 드와 주 데뽀제 뿌흐 라 꼬씨옹

❾ Où est-ce que je dois téléphoner en cas d'accident?
우 에스끄 주 드와 뗄레포네 엉 꺄 닥시덩

교통수단 관련 단어!

➡ 철도여행 관련 단어표현

한국어	프랑스어	발음
기차역	**La gare**	라 갸흐
열차	**Le train**	르 트랭
매표소	**Le guichet**	르 기쉐
시간표	**L' horaire**	로레르

1등석 **La première classe**
라 프르미에르 끌라스

2등석 **La deuxième classe**
라 두지엠므 끌라스

좌석 **La place** 라 쁠라스

보통열차 **Le train normal**
르 트랭 노흐말

급행열차 **Le train express**
르 트랭 엑스프레스

고속열차 **Le TGV (Le train à grande vitesse)**
르 떼제베(르 트랭 아 그렁드 비떼스)

9. 교통수단

개찰구	**L'accès aux quais**	락세 오 께
왕복기차표	**Le billet d'aller retour**	
	르 비에 달레 흐뚜르	

● 버스여행 관련 단어표현

시외버스터미널	**La gare routière**	
	라 갸흐 후띠에르	
버스정류장	**L'arrêt de l'autobus**	
	라레 드 로또뷔스	
시내버스	**L'autobus**	로또뷔스
관광버스	**L'autocar**	로또꺄르
정차	**Le stationnement**	
	르 스따씨온느망	

교통수단 관련 단어!

● 선박여행 관련 단어표현

항구	Le port	르 뽀흐
배	Le bateau	르 바또
부두	Le quai	르 께
정박하다	Ancrer	엉크레
선실	La cabine de passager	라 꺄빈 드 빠싸제
의무실	L' infirmerie	랭피르므리
승선권	Le billet de passagers	르 비에 드 빠싸제
구명부낭	La bouée de sauvetage	라 부에 드 쏘브따주
구명동의	Le gilet de sauvetage	라 질레 드 쏘브따주
구명보트	Le canot de sauvetage	르 꺄노 드 쏘브따주

● 지하철 관련 단어표현

매표구	Le guichet	르 기쉐
입구	L' entrée	렁트레

9. 교통수단

출구	La sortie	라 쏘띠
갈아타는 곳	La correspondance	라 꼬레스뽕당스
개찰구	L' accès aux quais	락세 오 께

◉ 택시 관련 단어표현

택시승차장	La station de taxis	라 스따씨옹 드 딱시
택시	Le taxi	르 딱시
택시기사	Le chauffeur de taxi	르 쑈페르 드 딱시
요금	Le tarif	르 따리프
미터계	Le compteur de taxi	르 꽁뙤르 드 딱시
거스름돈	La monnaie	라 모네

◉ 렌터카 관련 단어표현

보증금	La caution	라 꼬씨옹
임대료	Le prix de la location	르 프리 드 라 로꺄씨옹

교통수단 관련 단어!

계약서	**Le contrat**	르 꽁트라
주유소	**La station de service**	

라 스따씨옹 드 쎄르비스

가솔린	**L'essence**	레썽스
가득채움	**Le plein**	르 쁠랭
고속도로	**L'autoroute**	로또후뜨
주차장	**Le parking**	르 빠낑
일방통행	**Le sens unique**	르 썽스 위니끄
통행금지	**Passage interdit**	

빠싸주 앵떼흐디

주차금지	**Parking interdit**	빠낑 앵떼흐디
공사중	**Travaux en cours**	

트라보 엉 꾸흐

서행	**Ralentissez**	할렁띠쎄
안전벨트	**La ceinture de sécurité**	

라 쌩뛰흐 드 쎄뀌리떼

십자로	**Le carrefour**	르 꺄흐푸르
교통사고보험	**L'assurance d'automobile**	

라쒸렁스 도또모빌

운전면허증	**Le permis de conduite**	

르 뻬흐미 드 꽁뒤뜨

국제면허증	**Le permis international**	

르 뻬흐미 앵떼흐나씨오날

10. 관광하기!

❶ 프랑스 관광 정보!

프랑스를 방문하기에 가장 좋은 시기는 5월~6월이나 9월~10월 사이로서 덥거나 춥지 않아서 관광하기에 좋습니다. 프랑스는 온난한 해양성 기후대이므로 여름에도 우리나라보다 시원하고 겨울도 그다지 춥지는 않지만, 알프스나 동부 산간 지방을 여행할 계획이라면 추위에 대비해 준비를 철저히 해야겠습니다.

관광 정보 및 상식!

프랑스를 여행할 때 공항이나 기차역 등지에 있는 관광 안내소를 이용하면 편리한데, 관광 안내소 및 관광 협회는 'i'로 표시가 되어 있습니다. 관광 안내소는 연중 무휴이며 관광 협회는 여름과 겨울 시즌에만 운영됩니다.

파리에는 '젊은이를 위한 정보 센터'(Centre d'information et de Documentation Jeunesse)에서, 지방 주요 도시에는 '젊은이를 위한 안내 센터'(Centres d'information Jeunesse)에서 교통편과 숙박 시설 및 레저와 아르바이트에 이르기까지 다양한 정보를 제공 받을 수 있습니다.

● **개선문** (L'Arc de Triomphe)

샤를 드골 에투알 광장의 중앙에 서 있는 이 문은 높이 49.54m, 폭 44.82m의 거대한 크기로 나폴레옹이 1806년 승리를 기념하여 건축하게 한 전승 기념물입니다. 에펠탑과 더불어 파리의 상징적인 조형물이며 개선문 위에 올라가면 파리 시내를 한 눈에 둘러볼 수 있습니다. .

● **에펠 탑** (Tour Eiffel)

파리를 방문한 사람이라면 누구든 에펠탑을 배경으로 한 사진 1장 쯤은 있을 정도로 파리를 대표하는 관광 명소입니다. 1889년 파리 만국 박람회를 기념하여 귀스타브 에펠의 설계로 세워졌는데 야간에 조명을 받은 모습이 무척 아름다우니 꼭 직접 보시길 바랍니다.

10. 관광하기!

● **퐁피두 문화예술 센터** (C.N.D'Art et Culture G.Pompidou)

1977년 완공된 종합 문화예술 센터로서 국립 근대 미술관과 도서관 등의 각종 문화 센터로 이루어져 있으며, 파이프와 철골의 모습이 그대로 드러난 디자인이 현대적인 감각을 느끼게 하는 건축물입니다.

● **노트르담 대성당** (Cathédrale Notre-Dame de Paris)

시테 섬 동쪽에 위치한 노트르담 대성당은 고딕 양식 건축의 최고 걸작으로 손 꼽히고 있습니다. 내부에는 수많은 보물과 성전을 전시해 놓았으며, 프랑스 최대의 파이프 오르간이 이곳에 있습니다. 특히 '장미의 창'이라고 불리우는 이 성당의 스테인드 글라스는 보는 이로 하여금 탄성을 자아낼 정도로 화려하고 아름답습니다. 또 프랑스 역대 왕들의 대관식과 귀족들의 결혼식이 이곳에서 행해졌는데 나폴레옹 황제의 대관식도 바로 이 노트르담 대성당에서 행해졌습니다.

● **베르사유** (Versailles)

일드 프랑스 지역의 파리 근교에 위치한 베르사유 궁전은, 화려한 궁과 크고 작은 조각과 분수가 있는 광대한 정원이 어우러진 유명한 관광 명소입니다.

빠르게 찾고 쉽게 말하는 여행회화! 여러분의 여행을 보다 즐겁고 편안하게 만들어 드립니다!!

① 관광의 시작!

❶ 관광안내소는 어디 있습니까?

❷ 여행안내서를 주십시오.

❸ 시내지도 있습니까?

❹ 저는 ~을 보고 싶습니다.

❺ 저는 ~에 가보고 싶습니다.

❻ 어디에서 출발합니까?

❼ 표는 어디에서 삽니까?

❽ 야간 관광이 있습니까?

❾ 쇼나 연극을 볼 수 있는 코스가 있습니까?

10. 관광하기!

❶ Où est le bureau d'information?
우에 르 뷔로 뎅포르마씨옹

❷ Puis-je avoir un guide de tourisme?
쀄 주 아부아르 엉 기드 드 뚜리즘

❸ Est-ce que vous avez un plan de ville?
에스끄 부 자베 엉 쁠랑 드 빌

❹ Je voudrais aller voir~.
주 부드레 알레 브와르~

❺ Je voudrais aller à ~.
주 부드레 알레 아~

❻ Où est-ce qu'on part?
우 에스 꽁 빠흐

❼ Où puis-je acheter le billet?
우 쀄-주 아슈떼 르 비에

❽ Est-ce qu'il y a un tour nocturne?
에스낄 이 아 엉 뚜흐 녹뛰흔느

❾ Peut-on aller voir un spectacle ou une pièce de théâtre?
뿌똥 알레 부와르 엉 스뻭따끌 우 엉 뻬에스 드 떼아트르

❷ 길 물어보기! 1.

❶ 미안합니다만, ~가는 길을 가르쳐주세요.

❷ 여기가 어디입니까?

❸ 이 거리를 뭐라고 부릅니까?

❹ 지도상으로 제가 어디에 있는 건가요?

❺ 지하철역에는 어떻게 가야 하나요?

❻ 한국대사관이 어디 있는지 아십니까?

❼ 그곳까지 걸어갈 수 있나요?

❽ 화장실은 어디입니까?

10. 관광하기!

❶ Pardon, pouvez-vous me dire le chemin pour aller à ?
빠흐동 뿌베-부 므 디르 르 슈맹 뿌호 알레 아

❷ Où suis-je maintenant?
우 쒸-주 맹뜨넝

❸ Quel est le nom de cette rue?
껠 에 르 농 드 쎄뜨 휘

❹ Où je suis maintenent sur le plan?
우 주 쒸 맹뜨넝 쒸흐 르 쁠렁

❺ Comment puis-je aller à la station de métro?
꼬망 삐 주 알레 아 라 스따씨옹 드 메트로

❻ Savez-vous où se trouve l'ambassade de Corée?
싸베 부 우 스 트루브 렁바싸드 드 꼬레

❼ Est-ce qu'on peut y aller à pied?
에스 꽁 뿌 이 알레 아 삐에

❽ Où sont les toilettes?
우 쏭 레 뚜왈레뜨

❸ 길 물어보기! 2.

❾ 저는 이곳이 초행입니다.

❿ ~호스텔은 여기서 멉니까?

⓫ 얼마나 걸릴까요?

⓬ 저것은 무슨 건물입니까?

⓭ 어떻게 가야 합니까?

⓮ 여기에 약도를 그려 주십시오.

⓯ 똑바로 가면 됩니까?

⓰ 현재 위치를 가르쳐 주십시오.

⓱ 감사합니다.

10. 관광하기!

❾ Je suis venu ici pour la première fois.
주 쒸 브뉘 이씨 뿌흐 라 프르미에르 푸와

❿ Est ce que l'Hôtel~ est loin d'ici?
에 스 끄 로뗄~ 에 루앙 디씨

⓫ Combien de temps ça va prendre?
꽁비앙 드 떵 싸바 프렁드르

⓬ Quel est cet édifice là?
깰 에 쎄뜨 에디피스-라

⓭ Comment on peut y aller?
꼬망 옹 뿌 이 알레

⓮ Pouvez-vous me faire un petit plan ici, s'il vous plaît.
뿌베 부 므 패르 엉 쁘띠 쁠랑 이씨 실 부 쁠레

⓯ Dois-je aller tout droit?
드와-주 알레 뚜 드르와

⓰ Indiquez-moi sur ce plan où je suis maintenant?
엥디께-모아 쒸흐 스 쁠렁 우 주 쒸 맹뜨넝

⓱ Merci beaucoup.
메르씨 보꾸

④ 기념사진 찍기!

❶ 사진 좀 찍어주세요.

❷ 셔터 좀 눌러 주시겠어요?

❸ 됐습니다. 찍으세요.

❹ 그럼 찍습니다.

❺ 당신 사진을 찍어도 됩니까?

❻ 여기서 사진을 찍어도 됩니까?

❼ 나와 함께 사진을 찍어 주시겠어요?

10. 관광하기!

❶ Pourais-je vous demander de prendre des photos pour nous?
뿌레 주 부 드멍데 드 프렁드르 데 포또 뿌흐 누

❷ Voudriez-vous appuyer sur le bouton, s'il vous plait?
부드리에- 부 아쀄에 쒸흐 르 부똥 실 부 쁠레

❸ Voilà allez-y.
브왈라 알레지

❹ Vous êtes prêt?
부제뜨 프레

❺ Puis-je vous prendre en photo?
쀠-주 부 프렁드르 엉 포또

❻ Puis-je prendre des photos ici?
쀠 주 프렁드르 데 포또 이씨

❼ Puis-je me faire photographier avec vous?
쀠-주 므 페르 포또그라피에 아베끄 부

관광 관련 단어!

➡ 사진 관련 단어표현

현상하다	Développer	데블롭뻬
컬러필름	La pellicule couleur	
	라 뻴리뀔 꿀뢰르	
슬라이드필름	La diapositive	라 디아뽀지띠브
건전지	La pile sèche	라 삘 쎄슈
사진촬영금지	Interdit de photographier	
	앵떼흐디 드 포또그라피에	
플래쉬금지	Flash interdit	플라슈 앵떼흐디

➡ 관광 관련 단어표현

관광	Le tourisme	르 뚜리즘
명승지	L'endroit touristique	
	렁드루와 뚜리스띠끄	
미술관	Le musée des beaux arts	
	르 뮈제 데 보자르	
박물관	Le musée	르 뮈제
화랑	La gallerie	라 걀르리
전람회	L'exposition	렉스뽀지씨옹
동물원	Le zoo	르 조
식물원	Le jardin botanique	
	르 쟈흐당 보따니끄	

192

10. 관광하기!

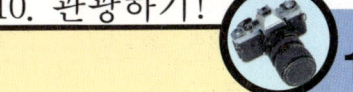

성	Le chateau	르 샤또
궁전	Le palais	르 빨레
교외	La banlieu	라 벙리우
시내 중심	Le centre ville	르 썽트르 빌
공원	Le Jardin	르 쟈흐당
유원지	Le parc d'attraction	르 빠끄 다트락씨옹
축제	La fête	라 페뜨
행사	L'évènement	레벤느망
연중행사	L'évènement annuel	레벤느망 아뉘엘
특별행사	L'évènement exceptionnel	레벤느망 엑씨엡씨오넬

➲ 시내관광 관련 단어표현

동쪽	L'est	레스뜨
서쪽	L'ouest	루에스뜨
남쪽	Le sud	르 쉬드
북쪽	Le nord	르 노르
이쪽	Ce côté	스 꼬떼
저쪽	L'autre côté	로트르 꼬떼
앞에	Devant	드방
뒤에	Derrière	데리에르

빠르게 찾고 쉽게 말하는 여행회화! 여러분의 여행을 보다 즐겁고 편안하게 만들어 드립니다!!

관광 관련 단어!

한국어	프랑스어	발음
옆에	À côté de	아 꼬떼 드
안쪽	L'interieur	랭떼리외르
바깥쪽	L'exterieur	렉스떼리외르
오른쪽	Le côté droit	르 꼬떼 드루와
왼쪽	Le côté gauche	르 꼬떼 고슈
곧장	Tout droit	뚜 드루와
도로	La route	라 후뜨
보도	Le trottoir	르 트로뜨와르
사거리	Le carrefour	르 꺄흐푸르
막다른 골목	L'impasse	랭빠스
건널목	Le passage à niveau	르 빠싸주 아 니보
횡단보도	Le passage clouté	르 빠싸주 끌루떼
버스정류장	L'arrêt de l'autobus	라레 드 로또뷔스
택시승차장	La station de Taxis	라 스따시옹 드 딱시
지하철역	La station de métro	라 스따시옹 드 메트로
기차역	La gare	라 갸흐
시장	Le marché	르 막쉐
상가	Le centre commercial	르 썽트르 꼬멕시알

10. 관광하기!

광장	**La place**	라 쁠라스
공원	**Le jardin**	르 쟈흐당
시내중심가	**Le coeur de la ville**	
	르 꾀흐 드 라 빌	
주의	**L' attention**	라떵씨옹
공사중	**Travaux en cours**	
	트라보 엉 꾸흐	
계단이용	**Prenez l' escalier**	
	프르네 레스꺌리에	
고장	**Hors service**	오흐 쎄르비스
출입금지	**Entrée interdite**	엉트레 앵떼흐디뜨
통행금지	**Passage interdit**	빠싸주 앵떼흐디
영업중	**Ouvert**	우베흐
출구	**Sortie**	쏘띠
폐점	**Fermé**	페흐메
비상구	**Sortie de secours**	
	쏘띠 드 스꾸흐	
미시오	**Poussez**	뿌쎄
화장실	**Les toilettes**	레 뜨왈렛
당기시오	**Tirez**	띠레
남자용	**Hommes**	옴므
여자용	**Femmes**	팜므
입구	**L' entrée**	렁트레

빠르게 찾고 쉽게 말하는 여행회화! 여러분의 여행을 보다 즐겁고 편안하게 만들어 드립니다!!

❺ 공연의 관람! 1.

❶ 공연시간표가 어떻게 됩니까?

❷ 입장료는 얼마입니까?

❸ 학생표 2장 주세요.

❹ 가장 싼 좌석으로 2장 주십시오.

❺ 오늘 좌석이 아직 있습니까?

❻ 영화관은 어디에 있습니까?

❼ ~을 보고 싶습니다.

❽ 리도 쇼는 어디서 볼 수 있습니까?

❾ 지금 뭘 하고 있습니까?

10. 관광하기!

❶ Puis-je savoir les horaires du spectacle?
쀠 주 사부아르 조레르 뒤 스빽따끌

❷ Combien coûte le billet d'entrée?
꽁비앙 꾸뜨 르 비에 덩트레

❸ Deux billets pour étudiants s'il vous plaît.
두 비에 뿌흐 에뛰디앙 실 부 쁠레

❹ Je voudrais réserver deux places qui sont les moins chères.
주 부드레 헤제르베 두 쁠라스 끼 쏭 레 모앙 쉐르

❺ Est-ce qu'il y a des places disponibles pour aujourd'hui?
에스 낄이아 데 쁠라스 디스뽀닐블 뿌흐 오주흐뒤

❻ Où se trouve le cinéma?
우 스 트루브 르 시네마

❼ Je voudrais aller voir ~ .
주 부드레 알레 브와르 ~

❽ Où puis-je voir le Lido?
우 쀠 주 브와르 르 리도

❾ Que joue-t-on au théâtre en ce moment?
끄 주 똥 오 떼아트르 엉 스 모망

❻ 공연의 관람! 2.

❿ 지금 인기있는 공연은 무엇입니까?

⓫ 누가 출연하고 있습니까?

⓬ 며칠까지 상연합니까?

⓭ 입구는 어디입니까?

⓮ 개막은 몇 시입니까?

⓯ 몇 시에 끝납니까?

⓰ 팜플렛이 있습니까?

Le spectacle (르 스뻭따끌) : 공연
La pose (라 뽀즈) : 휴식시간
Complet (꽁쁠레) : 만원

앗! 단어장!

10. 관광하기!

❿ Quelle est la pièce qui a le plus de succès en ce moment?
깰 에 라 삐에스 끼아 르 쁠뤼 드 쉭세 엉 스 모망

⓫ Qui joue dans cette pièce?
끼 주 덩 쎄뜨 삐에스

⓬ Le spectacle dure jusqu' à quand?
르 스뻭따끌 뒤르 쥐스까 껑

⓭ Où se trouve l' entrée?
우 스 트루브 렁트레

⓮ À quelle heure commence-t-on?
아 깰 외르 꼬망스 똥

⓯ À quelle heure finit-t-on?
아 깰 외르 피니 똥

⓰ Puis-je avoir une brochure?
쀠 주 아브와르 윈느 브로쉬르

Le film (르 필므) : 영화
La pièce de théâtre
(라 삐에스 드 떼아트르) : 연극

앗! 단어장!

❼ 나이트 클럽!

❶ 디스코텍에 가고 싶습니다.

❷ 근처에 디스코텍이 있습니까?

❸ 몇 시에 엽니까?

❹ 입장료는 얼마입니까?

❺ 입장료가 포함된 것입니까?

❻ 음료수 값은 별도입니까?

❼ 저와 춤추시겠습니까?

La discothèque (라 디스꼬떼) : 디스코텍
La boîte de nuit (라 브와뜨 드 뉘)
　　　　　　　　　: 나이트클럽
Le guichet (르 기쉐) : 매표소

10. 관광하기!

❶ Je voudrais aller à la discothèque.
주 부드레 알레 아 라 디스꼬떽

❷ Est-ce qu'il y a une discothèque près d'ici?
에스낄이아 윈느 디스꼬떽 프레 디씨

❸ À quelle heure ouvre-t-elle?
아 껠 외르 우브르 뗄

❹ Combien coûte le droit d'entrée?
꽁비앙 꾸뜨 르 드르와 덩트레

❺ Le droit d'entrée est-il compris dans le prix?
르 드루와 덩트레 에띨 꽁프리 덩 르 프리

❻ Le prix de boisson est-il compris?
르 프리 드 브와쏭 에띨 꽁프리

❼ Voulez-vous danser avec moi?
불레 부 덩쎄 아베끄 모아

La salle de danse (라 쌀 드 덩스) : 댄스홀
La réservation de ticket
 (라 헤제르바씨옹 드 띠께) : 예매

⑧ 스포츠 즐기기!

❶ 어떤 운동을 좋아하십니까?

❷ 야구를 제일 좋아합니다.

❸ 저는 프랑스 축구팀의 열렬한 팬입니다.

❹ 내 취미는 수영입니다.

❺ 배구 시합을 보고 싶습니다.

❻ 어떤 팀들의 경기입니까?

❼ ~을 하고 싶습니다.

❽ 골프 클럽에 들고 싶습니다.

❾ 말을 타고 싶습니다.

10. 관광하기!

❶ Quel sport vous préférez?
깰 스뽀흐 부 프레페레

❷ Je préfères le baseball.
주 프레페르 르 바즈볼

❸ Je suis fan de l'équipe française de football.
주 쒸 판 드 레낍쁘 프랑쎄즈 드 풋볼

❹ J'aime faire de la natation.
젬므 패르 드 라 나따씨옹

❺ J'aimerais aller voir le volleyball.
제므레 알레 브와르 르 볼레볼

❻ C'est le match de quelles équipes?
쎄 르 마치 드 깰 에낍쁘

❼ Je voudrais faire ~.
주 부드레 패르

❽ Je voudrais m'inscrire au club de golf.
주 부드레 맹스크리르 오 끌럽 드 골프

❾ Je voudrais faire de l'équitation.
주 부드레 패르 드 레끼따씨옹

오락 관련 단어!

◐ 오락 관련 단어표현

한국어	프랑스어	발음
음악회	Le concert	르 꽁쎄르
연주회장	La salle de concert	라 쌀 드 꽁쎄르
연극	La pièce de théâtre	라 삐에스 드 떼아트르
뮤지컬	La comédie musicale	라 꼬메디 뮤지꺌
오페라	L'opéra	로뻬라
영화	Le film	르 필므
영화관	Le cinéma	르 씨네마
발레	Le ballet	르 발레
댄스홀	La salle de danse	라 쌀 드 덩스
나이트클럽	La boîte de nuit	라 브와뜨 드 뉘
디스코텍	La discothèque	라 디스꼬떽
매표소	Le guichet	르 기쉐
예매	La réservation de ticket	라 헤제르바씨옹 드 띠께
어른	L'adulte	라뒬뜨
어린이	L'enfant	렁펑
학생	L'étudiant	레뛰디앙
만원	Complet	꽁쁠레
공연	Le spectacle	르 스빽따끌
휴식시간	La pose	라 뽀즈

10. 관광하기!

➲ 스포츠 관련 단어표현

한국어	프랑스어	발음
축구	**Le football**	르 풋볼
야구	**Le baseball**	르 바즈볼
수영	**La natation**	라 나따씨옹
수영장	**La piscine**	라 삐씬느
테니스	**Le tennis**	르 떼니스
테니스코트	**La cour de tennis**	르 꾸흐 드 떼니스
캠핑	**Le camping**	르 껑뼁
등산하다	**faire de la montagne**	패르 드 라 몽따뉴
낚시	**La pêche**	라 뻬슈
보트	**La voile**	라 브왈
스키	**Le ski**	르 스끼
스케이트	**Le patinage**	르 빠띠나주
자전거타다	**Faire du vélo**	패르 뒤 벨로
자전거대여	**La location de vélo**	라 로꺄씨옹 드 벨로
골프	**Le golf**	르 골프
골프장	**Le terrain de golf**	르 떼랭 드 골프

빠르게 찾고 쉽게 말하는 여행회화! 여러분의 여행을 보다 즐겁고 편안하게 만들어 드립니다!!

✚ 관광 오락 정보!

- **영화** : 프랑스 사람들은 다양한 장르, 다양한 나라의 작품을 좋아합니다. 프랑스 영화관의 입장료는 8 유로 정도이며, 국제학생증을 제시하면 학생할인도 받을 수 있습니다.

- **연극** : 파리에는 약 150여 개의 극장과 카페식 극장이 있습니다. 매일 저녁 다양한 공연들이 펼쳐지고 있으며, 티켓은 티켓구매 센타에서 하고, 예약이 기본입니다. 공연당일 매표소에 미리 가서 남은 표를 싸게 구입할 수도 있습니다.

- **쇼 공연** : 세계적으로 유명한 리도쇼를 관람하시려면 '물랭루즈', '쉐 마담 아르튀르', '크레이지 호스' 등에 가시면 됩니다. 잊지 못할 저녁시간의 여흥이 될 것입니다.

- **음악** : 세계적인 콘서트가 이어집니다. 유명 연주자와 오케스트라의 공연이 끊임없이 이어지는 그야말로 클래식의 향연을 파리에서 만끽할 수 있습니다. 대표적인 공연장은 '바스티유 오페라 하우스', '팔레 오페라 가르니에', '오페라 코익' 등이 있습니다.

11. 사고상황의 대처!

❶ 문제상황의 발생!

어느 나라에서든 소매치기와 도난 사고가 자주 있으므로 야간에 역 주변을 혼자 배회하거나 지하철을 타는 것은 삼가하는 것이 좋습니다. 빈번하게 도난사고가 일어나는 장소로는 주로 공항과 역 주변, 인적이 드문 화장실과 코인 로커, 기차 안 등입니다. 짐이 여러개일 경우에는 도난당하기 쉬우므로 조심하고 여권과 현금은 남의 눈에 띄지 않도록 하며 귀중품은 호텔의 안전 박스에 보관하도록 합니다. 또 야간 기차를 탑승할 경우 혼자서 이용하지 않도록 하며 모르는 사람이 주는 과자나 음료수 등은 먹지 않도록 합니다. 수면제가 들어 있을 수 있습니다.

분실, 도난, 사고?

외국 여행시 분실 도난사고에 대비해서 다음의 것들을 메모하여 따로 보관하도록 합니다.

- **여권과 비자** : 여권 번호, 발행일, 발행지, 유효 기간, 여행지의 한국공관 연락처 (여권의 사진이 있는 부분을 복사해 둠)
- **여행자수표** : 수표의 일련 번호, 구입일, 한국과 현지의 은행 연락처
- **신용카드** : 카드 번호, 한국과 현지의 발급처와 분실 신고 연락처
- **해외 여행자 보험** : 보험증 번호, 계약 연월일
- **항공권** : 항공권 번호, 발행일, 한국과 현지의 항공사 연락처

❷ 분실 도난사고시!

ⓐ **여권을 분실했을 때 :**
여권을 분실해 재발급을 받으려면 상당한 시간이 소요됩니다. 전체 여행에 차질을 빚을 수 있으므로 가능한 한 빨리 한국대사관이나 총영사관에 연락한 후 '여행자증명서'를 발급 받도록 합니다. 여권 및 여행자 증명서를 재발급 받기 위한 구비서류로는 ① 여권 도난 / 분실 증명서 (현지 경찰 발급), ② 일반여권 재발급신청서 2통, ③ 신분증, ④ 사진 2매, ⑤ 분실한 여권의 번호와 교부일자 등을 준비해야 합니다.

ⓑ **여행자수표를 분실했을 때 :**
재발행은 두 번째의 사인을 하지 않은 미사용분만 가능합니다. 재발행을 위해서는 ① 분실증명서(경찰서에서 발급), ② 발행 증명서(구입시 은행에서 준 것), ③ 여권이나 운전면허증 등의 신분증을 지참하고 발행 은행의 현지 지점으로 가시면 됩니다.

11. 사고상황의 대처

ⓒ **항공권을 분실했을 때 :**

발권 항공사의 대리점으로 가서 재발급 신청을 합니다. ① 항공권번호, ② 발권일자, ③ 구간, ④ 복사본이 있으면 편리하며, 소요시간은 약 1주일정도 걸립니다. 시간이 촉박할 때는 일단 새로 비행기표를 사고, 나중에 환불 받는 방법을 취하도록 합니다.

ⓓ **크레디트카드를 분실했을 때 :**

카드발행회사에 즉시 신고합니다. 보통 지갑과 함께 잃어버려 현금과 다른 신분증을 함께 잃어 버리는 경우가 많은데 이를 위해 현금과 카드는 분산해서 소지하고 한국으로부터 송금받을 경우에 대해서도 대비를 하도록 합니다.

ⓔ **배낭 또는 기타 물건을 분실했을 때 :**

가방을 분실하거나 도난 당했을 경우, 인근 경찰서에서 분실 증명서를 발급 받아야 합니다. 보험 가입자의 경우 귀국 후 보험청구시에 반드시 필요한 서류가 됩니다. 그리고 항공기의 운송사고의 경우는 사고보상에 따른 일체를 항공사가 배상합니다.

❸ 질병에 대한 대비

프랑스는 의약 분업이 철저해서 의사의 처방전이 없이는 간단한 약도 구입할 수 없는 경우가 있으므로 상비약품 정도는 미리 준비해 가도록 합니다.

① 분실사고시! 1.

❶ 여권을 분실했습니다.

❷ ~을 도난 당했습니다.

❸ ~을 두고 왔습니다.

❹ 여행자 수표를 잃어버렸어요.

❺ 어제 지하철에서 지갑을 소매치기당했습니다.

❻ 도난 증명서를 만들어 주십시오.

❼ 한국대사관에 연락해 주십시오.

❽ 한국대사관은 어떻게 갑니까?

11. 사고상황의 대처

❶ J'ai perdu mon passeport.
제 뻬흐뒤 몽 빠스뽀흐

❷ On m'a volé ~.
옹 마 볼레 ~

❸ J'ai oublié ~.
제 우블리에 ~

❹ J'ai perdu mes chèques de voyage.
제 뻬흐뒤 메 쉐끄 드 브와야주

❺ Quelqu'un m'a volé mon portefeuille hier dans le métro.
껠껭 마 볼레 몽 뽁뜨페이유 이에르 덩 르 메트로

❻ Donnez-moi le certificat de déclaration de vol.
도네 모아 르 쎄흐띠피꺄 드 데끌라라씨옹 드 볼

❼ Pouvez-vous prendre contact avec l'ambassade de Corée pour moi?
뿌베 부 프렁드르 꽁딱 아베끄 렁바싸드 드 꼬레 뿌흐 모아

❽ Comment puis-je aller à l'ambassade de Corée?
꼬망 쀠 주 알레 아 렁바싸드 드 꼬레

❷ 분실사고시! 2.

❿ 어디서 그것을 재발행 받을 수 있습니까?

⓫ 재발행 해 주시겠습니까?

⓬ 오늘 재발행됩니까?

⓭ 누구한테 알리는게 좋습니까?

⓮ 분실물계는 어디입니까?

⓯ 어디로 찾으러 가면 되죠?

La perte (라 뻭뜨) : 분실
Le vol (르 볼) : 도난
Le voleur (르 볼뢰르) : 도둑

앗! 단어장!

11. 사고상황의 대처

❿ **Quel guichet s'occupe de les remplacer?**
껠 기쉐 쏘뀌쁘 드 레 헝쁠라쎄

⓫ **Pouvez-vous me remplacer les chèques de voyage?**
뿌베 부 므 헝쁠라쎄 레 쉐끄 드 브와야주

⓬ **C'est possible pour aujourd'hui?**
쎄 뽀씨블 뿌호 오주호뒤

⓭ **À qui dois-je m'adresser?**
아 끼 드와 주 마드레쎄

⓮ **Où se trouve le bureau des objets trouvés?**
우 스 트루부 르 뷔로 데 조브제 트루베

⓯ **Où est-ce que je peux le récupérer?**
우 에스끄 주 뾔 르 헤뀌뻬레

앗! 단어장!

Le cambrioleur (르 껑브리올뢰르) : 강도
La police (라 뽈리스) : 경찰
La blessure (라 블레쒸르) : 부상

❸ 사고의 신고!

❶ 여보세요. 경찰서죠?

❷ 경찰서 좀 대 주세요.

❸ 제 지갑을 소매치기 당했어요.

❹ 자동차 사고를 신고하고자 합니다.

❺ 화재발생 신고를 하려 합니다.

❻ 여기 부상자 한 사람이 있습니다.

❼ 그의 머리에서 피가 납니다.

❽ 앰뷸런스를 좀 불러주세요.

❾ 차가 고장났습니다.

11. 사고상황의 대처

❶ Allô police?
알로 뿔리스

❷ Pouvez-vous appeler la police?
뿌베 부 아쁠레 라 뿔리스

❸ On m' a volé mon portefeuille.
옹 마 볼레 몽 뽁뜨페이유

❹ Je voudrais témoigner d'un accident de voiture.
주 부드레 떼모아니에 덩 악씨덩 드 브와뛰르

❺ Je voudrais signaler un incendie.
주 부드레 시니알레 엉 앵썽디

❻ Il y a un blessé ici.
일 이 아 엉 블레쎄 이씨

❼ Il saigne de la tête.
일 쎈뉴 드 라 떼뜨

❽ Pouvez-vous m' appeler l' ambulance?
뿌베 부 마쁠레 렁뷜렁스

❾ Ma voiture est en panne.
마 브와뛰르 에 떵 빤느

④ 긴급! 간단표현!

❶ 응급상황입니다!

❷ 120(구급차)으로 전화해주세요.

❸ 경찰을 불러 주세요!

❹ 도둑이다!

❺ 불이야!

❻ 도와주세요!

❼ 조심해요!

❽ 엎드려!

❾ 비켜요!

11. 사고상황의 대처

❶ C'est urgent!
쎄 뛰흐정

❷ Appelez l'ambulance au numéro 120.
아쁠레 렁뷜렁스 오 뉘메로 썽뺑

❸ Appelez la police.
아쁠레 라 뽈리스

❹ Au voleur!
오 볼뢰르

❺ Il y a un incendie!
일 이 아 엉 앵썽디

❻ Au secours!
오 스꾸흐

❼ Attention!
아떵씨옹

❽ Couchez-vous!
꾸쉐 부

❾ Reculez-vous!
흐뀔레 부

빠르게 찾고 쉽게 말하는 여행회화! 여러분의 여행을 보다 즐겁고 편안하게 만들어 드립니다!!

❺ 병원 치료!

❶ 병원에 데려다 주세요.

❷ 구급차를 불러 주세요.

❸ 의사를 불러 주세요.

❹ 여기에 통증이 있습니다.

❺ 머리가 아픕니다. / 오한이 납니다.

❻ 현기증이 납니다. / 토할 것 같습니다.

❼ 설사를 합니다.

❽ 다리가 부러졌습니다.

❾ 여행을 계속해도 됩니까?

11. 사고상황의 대처

❶ Conduisez-moi à l'hôpital, s'il vous plaît.
꽁뒤제 모아 아 로삐딸 실 부 쁠레

❷ Pouvez-vous appler l'ambulance?
뿌베 부 아쁠레 렁뷜렁스

❸ Pouvez-vous appler un médecin?
뿌베 부 아쁠레 엉 메드쌩

❹ J'ai mal ici.
제 말 이씨

❺ J'ai mal à la tête. / J'ai de frissons.
제 말 아 라 떼뜨   제 데 프리쏭

❻ J'ai le vertige. / J'ai la nausée.
제 르 베흐띠주   제 라 노제

❼ J'ai la diarrhée.
제 라 디아레

❽ J'ai la jambe cassée.
제 라 정브 꺄쎄

❾ Pourrais-je continuer mon voyage?
뿌레 주 꽁띠뉴에 몽 브와야주

⑥ 약국의 처방!

❶ 이 처방대로 약 좀 주세요.

❷ 감기약 좀 주십시오.

❸ 두통약을 좀 주세요.

❹ 소화제를 좀 주세요.

❺ 하루에 약을 몇 회나 복용합니까?

❻ 이 약을 하루 3번 식후에 드세요.

❼ 처방전 없이 이 약은 드실 수 없습니다.

11. 사고상황의 대처

❶ Puis-je avoir les médicaments de cette ordonnance?
쀠 주 아브와르 레 메디까멍 드 쎄뜨 오르도낭스

❷ Donnez-moi des médicaments pour le rhume.
도네 모아 데 메디까멍 뿌흐 르 휨프

❸ Donnez-moi un médicament pour le mal de tête.
도네 모아 엉 메디까멍 뿌흐 르 말 드 떼뜨

❹ Je voudrais avoir un digestif, s'il vous plaît.
주 부드레 아브와르 엉 디제스띠프 실 부 쁠레

❺ Combien de fois dois-je prendre ce médicament par jour?
꽁비앙 드 푸아 드와 주 프렁드르 스 메디꺄멍 빠흐 주흐

❻ Prenez ce médicamet 3 fois par jour.
프르네 스 메디꺄멍 트루와 푸아 빠흐 주흐

❼ Vous ne pouvez pas prendre ce médicament sans ordonnance.
부 느 뿌베 빠 프렁드르 스 메디꺄멍 썽 조르도낭스

사고상황 관련 단어!

▶ 사고 관련 단어표현

한국어	프랑스어	발음
경찰서	**Le commissariat de police**	르 꼬미싸리아 드 뽈리스
경찰	**La police**	라 뽈리스
경찰관	**L'agent de police**	라정 드 뽈리스
파출소	**Le poste de police**	르 뽀스뜨 드 뽈리스
여권	**Le passeport**	르 빠스뽀흐
지갑	**La portefeuille**	라 뽀흐뜨페이유
현금	**Les espèces**	레 제스뻬스
귀중품	**L'objet de valeur**	로브제 드 발뢰르
도둑	**Le voleur**	르 볼뢰르
도난	**Le vol**	르 볼
강도	**Le cambrioleur**	르 껑브리올뢰르
분실	**La perte**	라 뻭뜨
부상	**La blessure**	라 블레쒸르
화재	**L'incendie**	랭썽디
충돌	**La collision**	라 꼴리지옹

11. 사고상황의 대처

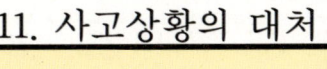

대피	**L' évacuation**	레바뀌아씨옹

● 병원 관련 단어표현

병원	**L' hôpital**	로삐딸
의사	**Le médecin**	르 메드쌩
간호사	**L' infirmière**	랭피르미에르
구급차	**L' ambulance**	렁뷜렁스
환자	**Le patient**	르 빠씨엉
입원	**L' hospitalisation**	
	로스삐딸리자씨옹	

● 신체 부위별 명칭

몸	**Le corps**	르 꼬르
머리	**La tête**	라 떼뜨
코	**Le nez**	르 네
귀	**L' oreille**	로레이유
입	**La bouche**	라 부슈

사고상황 관련 단어!

손목	Le poignet	르 뿌아니에
팔	Le bras	르 브라
발	Le pied	르 삐에
다리	La jambe	라 장브
가슴	La poitrine	라 뿌아트린
등	Le dos	르 도
허리	La hanche	라 엉슈
심장	Le coeur	르 꾀르

◐ 치료 관련 단어표현

주사	La piqûre	라 삐뀌르
수술	L'opération	로뻬라씨옹
처방	L'ordonnance	로르도낭스
약	Le médicament	르 메디꺄멍
체온	La température du corps	라 떵뻬라뛰르 뒤 꼬르
열	La fièvre	라 피에브르
맥박	Le pouls	르 뿌

11. 사고상황의 대처

혈압	**La tension artérielle**	
	라 떵씨옹 악떼리엘	
진단서	**Le certificat médical**	
	르 쎄흐띠피꺄 메디꺌	
두통	**Le mal de tête**	르 말 드 떼뜨
현기증	**Le vertige**	르 베흐띠주
기침	**Le toux**	르 뚜
감기	**Le rhume**	르 휨므
폐렴	**La tuberculose**	라 뛰베흐뀔로즈
유행성 감기	**La grippe**	라 그립쁘
맹장염	**L' appendicite**	라뼁디씨뜨

● 약국 관련 단어표현

약국	**La pharmacie**	라 파르마씨
처방전	**L' ordonnance**	로르도낭스
탈지면	**Le coton hydrophile**	
	르 꼬똥 이드로필	
반창고	**Le sparadrap**	르 스빠라드라

사고상황 관련 단어!

머큐롬	Le mercurochrome	르 메르뀌로크롬
붕대	Le pansement	르 뺑스망
연고	La pommade	라 뽀마드
아스피린	L'aspirine	라스삐린
해열제	L'antipyrétique	렁띠삐레띠끄
진통제	Le calmant	르 꺌망

✚ 긴급상황시 연락처!

프랑스에서 긴급한 상황이 발생했을 때 유용하게 쓸 수 있는 연락처 정보입니다.

경찰 : 17   구급차 : 15   전화안내 : 12

한국대사관 : (01) 47 53 01 01

한국문화원 : (01) 47 20 83 86

재불한인회 : (01) 42 50 99 66

한국은행 : (01) 47 20 74 58

대한항공 : (01) 42 97 30 00

12. 귀국 준비!

❶ 귀국 준비!

이제 귀국을 준비할 때입니다. 먼저 짐을 잘 정리해 가방의 부피를 최대한으로 줄이며, 짐의 갯수도 줄이도록 합니다. 그리고 귀국에 필요한 서류들을 다시 한번 확인하고 따로 작은 가방에 넣어 잘 보관합니다. 귀국 때 잃어버리는 짐이 가장 많기 때문에 관리를 잘 하도록 합니다.

ⓐ **예약 재확인** : 귀국날짜가 정해지면 미리 항공편 좌석을 예약해야 하며, 예약을 이미 해두었을 경우는 출발 예정일의 3일 전에 재확인을 해야 합니다. 항공사에 전화해서 이름, 편명, 행선지를 말하고 자신의 연락 전화번호를 남기도록 합니다. 성수기 때에는 자칫 재확인을 안해서 당일날 좌석을 구하지 못하는 일이 종종 있습니다.

빠르게 찾고 쉽게 말하는 여행회화! 여러분의 여행을 보다 즐겁고 편안하게 만들어 드립니다!!

귀국 준비는 이렇게!

ⓑ **수하물의 정리** : 출발하기 전에 맡길 짐과 기내에 가지고 들어갈 짐을 나누어 꾸리고 토산품과 현지에서 구입한 물건의 품명과 금액을 리스트에 기재해 둡니다. 물건의 파손이 우려되는 제품은 가급적 직접 운반하는 것이 좋으며, 부피가 클 경우는 짐에 '주의! 파손위험' 이라는 스티커를 보딩패스 할 때 붙여달라고 요구합니다. 그리고 현지에서 구입한 면세 물품 관련 서류를 반드시 챙겨 물건을 꼭 받아 나오도록 합니다.

ⓒ **출국절차** : 최소한 출발 2시간 전까지는 공항에 미리 도착해 체크인을 하십시오. 9.11테러 이후 수하물 검사가 매우 철저하게 진행되기 때문에 상당 시간이 소요됩니다. 기내휴대 수하물 외의 짐은 탁송합니다. 화물은 항공기 탑재 중량을 먼저 주의하여야 하며, 초과 중량에 대해서는 1kg당 운임료를 따로 지불해야 합니다. 적지 않은 비용이기 때문에 반드시 미리 체크하도록 합니다.

출국절차는 먼저 자신이 이용할 해당 항공사 데스크로 가서 여권, 출입국카드(입국시에 여권에 붙여놓았던 것), 항공권을

제시하면 계원이 출국 카드를 떼내고 비행기의 탑승권을 줍니다. 탑승권에는 좌석번호는 물론 탑승구 번호와 탑승시간까지 기록되어 있습니다. 항공권에 공항세가 포함되어 있지 않을 경우에는 출국 공항세를 지불해야 하는 곳도 있습니다. 이렇게 탑승절차를 마치고 난 후 다음은 보안검색과 기내휴대 수하물의 X선검사를 받습니다. 출국장 안으로 들어가게 되면 먼저 탑승권에 표시된 탑승 게이트로 가서 대기를 하거나 면세품코너를 들러 남은 시간을 보냅니다. 아직 선물을 준비하지 못했다면 이곳에서 사는 것이 좋습니다. 귀국할 때는 인천공항의 면세점을 이용할 수 없습니다.

12. 귀국 준비!

❷ 한국 도착!

한국에 도착한 후 입국절차는 ⓐ 입국신고서(세관신고서) 작성, ⓑ 검역, ⓒ 입국심사, ⓓ 세관검사의 순으로 진행됩니다. 입국신고서는 미리 준비해 둡니다. (출국신고서 작성시에 준비했던 것) 입국절차는 출국절차의 역순, **Q - I - C** (**Quarantine, Immigration, Customs**)입니다.

ⓐ 검역 : 비행기에서 내리면 맨 먼저 검역 부스가 있습니다. 미국, 유럽 등지에서 오는 여행객에 대해서는 검사가 없습니다. 주로 전염병이 보고된 지역의 여행객이 받습니다.

ⓑ 입국심사 : 내국인이라고 표시된 곳으로 가서 줄을 섭니다. 여권과 입국신고서를 제출하면 계원이 입국 카드를 떼어내고 여권에 입국 스탬프를 찍어 주면 끝입니다.

ⓒ 세관 : 세관신고는 자진 신고제를 운영하고 있습니다. 세관 검사에 필요한 서류는 여권과 세관신고서입니다. 신고할 물품이 있으면 여기에 기재를 합니다만 면세품의 경우는 구두로 신고해도 됩니다. 과세 대상품에 대해서는 세관원이 세액을 산출하여 지불용지를 작성해 줍니다. 지불할 돈이 모자라거나 없을 땐 일단 과세 대상품을 세관에 예치하고 나중에 찾아 가도록 합니다. 현재 술, 담배, 향수 이외의 물건은 해외 취득 가격 합계 400달러까지 면세됩니다. 특별히 신고할 물건이 없으면 녹색심사대를 통해 우선 통과가 가능하지만 만약 미기재된 물품이나 신고한 금액을 초과한 물품에 대해서는 별도의 관세가 부과되며, 반입금지 물품(마약류, 총기류 등)에 대해서는 형사처벌을 받게 됩니다. 그리고 남의 짐을 잠시 맡아 주는 등의 도움이 자칫 밀수, 불법반입으로 악용되는 경우가 있기 때문에 특히 주의가 필요합니다.

① 예약확인!

❶ 예약 재확인을 하고 싶습니다.

❷ 서울에서 예약했습니다.

❸ 12월23일의 KAL702편입니다.

❹ 이름은 이민수입니다.

❺ 예약을 변경하고 싶습니다.

❻ 서울까지 이등석 두 명입니다.

❼ 이 예약을 취소해 주십시오.

12. 귀국 준비!

❶ C'est pour confirmer ma réservation.
쎄 뿌흐 꽁피르메 마 헤제르바씨옹

❷ J'ai fait ma réservation à Séoul.
제 패 마 헤제르바씨옹 아 쎄울

❸ C'est sur le vol 702 de la KAL le 23 décembre.
쎄 쒸흐 르 볼 셋 썽 두 들 라 꼬레안 에르 르 뱅 트루와 데썽브르

❹ Le nom de passager est Min-Sou Lee.
르 농 드 빠사제 에 민수 리

❺ Je voudrais changer ma réservation.
주 부드레 샹제 마 헤제르바씨옹

❻ Ce sont deux places de deuxième classe pour Séoul.
스 쏭 두 쁠라스 드 두지엠므 끌라스 뿌흐 쎄울

❼ Je voudrais annuler ma réservation.
주 부드레 아뉠레 마 헤제르바씨옹

빠르게 찾고 쉽게 말하는 여행회화! 여러분의 여행을 보다 즐겁고 편안하게 만들어 드립니다!!

❷ 귀국시 공항에서!

❶ 이 짐들을 대한항공 카운터로 옮겨주십시오.

❷ 탑승수속은 어디서 합니까?

❸ 창쪽 자리로 해 주십시오.

❹ 탑승개시는 몇 시입니까?

❺ 게이트 번호를 가르쳐 주십시오.

❻ 수하물 검사는 어디서 합니까?

❼ 6번 게이트는 어디입니까?

12. 귀국 준비!

❶ Transférez ces bagages au copmtoir d'enregistrement de la KAL.
트렁스페레 쎄 바갸주 오 꽁뚜와르
텅흐지스트르망 드 라 꼬레안 에르

❷ Où dois-je faire le néccessaire pour l'embarquement?
우 드와 주 패르 르 네쎄쎄르 뿌흐 렁박끄망

❸ Pouvez-vous me donner une place côté fenêtre?
뿌베 부 므 도네 윈느 쁠라스 꼬떼 프네트르

❹ À quelle heure l'embarquement commence-t-il?
아 깰 외르 엉박끄멍 꼬망스 띨

❺ Quel est le numéro de porte?
깰 에 르 뉘메로 드 뽁뜨

❻ Où fait-on le contrôle de bagages?
우 패똥 르 꽁트롤 드 바갸주

❼ Où est la porte 6?
우에 라 뽁뜨 씨스

특별부록
비지니스 프랑스어

해외 출장을 떠나시는 독자 여러분들을 위한 필수 비지니스 프랑스어 회화를 특별 부록편으로 모아 정리했습니다. 간단한 인사말에서부터 상담, 계약, 주문에 이르기까지 꼭 필요한 필수 문장들을 중심으로 소개해 드립니다. 독자 여러분의 '성공 비지니스'를 기원합니다.

❶ 초면의 인사법!

비지니스에 있어서 첫 만남은 무엇보다도 중요합니다. 상대에게 좋은 인상을 줄 수 있도록 첫 인사말을 준비해 봅니다. 상대와의 첫 인사! 무엇보다도 여러분의 밝은 미소와 자신감을 함께 전하십시오..!

특별 부록 비지니스 회화!

비지니스

프랑스인과의 비지니스!

'**Bon jour!**' (봉 주르)와 '**Enchanté.**' (엉성떼)는 처음 만났을 때 나눌 수 있는 인사로서 '안녕하세요.', '처음 뵙겠습니다.' 라는 뜻입니다. 상대방이 이렇게 말했을 때에는 '**Je suis très heureux de vous rencontrer.**' (주 쉬 트레 조로 드 부 헝꽁트레)이라고 대답하면서 반가움을 표시하면 되겠습니다.

❷ 다양한 인사법!

서로 만나 인사라도 나눈 적이 있거나, 이미 아는 사이라면 인사법이 좀 더 편해집니다. 그래서 '**Bonjour.**' (봉주르), '**Bonsoir.**' (봉스와)라고 인사하며, '**Comment allez-vous?**' (어떻게 지내십니까? : 꼬망 딸레 부), '**Je vais bien.**' (저도 잘 지내고 있어요. : 주 베 비앙)이라고 대답합니다.

그외의 인사법으로 약속 시간에 늦었을 때에는 '**Excusez-moi d' être en retard.**' (늦어서 죄송합니다. : 엑스뀌제 모아 데트르 엉 흐따흐), '**Excusez-moi de vous avoir fait attendre.**' (기다리게 해서 죄송합니다. : 엑스뀌제 모아 드 부 자부아르 패 아떵드르)라고 하며, 헤어질 때는 '**Au revoir.**' (안녕히 계세요/가세요. : 오 흐브와), '**À bientôt!**' (또 만납시다! : 아 비앙또)라고 말하면 됩니다.

빠르게 찾고 쉽게 말하는 여행회화! 여러분의 여행을 보다 즐겁고 편안하게 만들어 드립니다!!

기본 회화에서 계약 성공까지!

비지니스 회화!

❶ 누구를 찾으세요?

❷ 뒤퐁 씨와 만나기로 약속했습니다.

❸ 그와 상의할 문제가 좀 있어서요.

❹ 그는 오늘 쉬는 날입니다.

❺ 프랑소와 씨는 지금 회의 중입니다.

❻ 손님이 오셨습니다.

❼ 오래 기다리게 해서 죄송합니다.

앗! 단어장!

Le rendez-vous (르 헝더부) : 약속
L'entretien (렁트르띠앙) : 대담, 면담
La discussion (라 디스뀌씨옹) : 토의, 논의

특별 부록 비지니스 회화!

비지니스

❶ 방문객을 맞을 때!

❶ **Qui cherchez-vous?**
끼 쉑쉐 부

❷ **J'ai rendez-vous avec Mr. Dupont.**
제 헝데부 아벡끄 뭇슈 뒤뽕

❸ **Je voudrais avoir un entretien avec lui.**
주 부드레 아브와르 언 엉트르띠앙 아벡끄 뤼

❹ **Il est en congé aujourd'hui.**
일 에 엉 꽁제 오주흐뒤

❺ **Il est en train d'avoir une discussion.**
일 에 엉 트랭 다브와르 윈느 디스뀌씨옹

❻ **Monsieur est venu pour vous voir.**
뭇슈 에 브뉘 뿌흐 부 브와르

❼ **Je suis desolé de vous avoir fait attendre.**
주 쒸 데졸레 드 부 자브와르 패 아떵드르

Attendre (아떵드르) : 기다리다
Le congé (르 꽁제) : 휴가

앗! 단어장!

기본 회화에서 계약 성공까지!
비지니스 회화!

❶ 뵙게되어 반갑습니다.

❷ 우리 회사에 오신 것을 환영합니다.

❸ 저는 SBJ의 대표이사, 이민수입니다.

❹ 제 명함입니다.

❺ 이쪽으로 오시겠습니까?

Enchanté (엉셩떼) : 반갑습니다
Bien venu (비앙 브뉘) : 환영합니다
L' entreprise (렁트르프리즈) : 회사, 기업

앗! 단어장!

특별 부록 비지니스 회화!

비지니스

❷ 인사할 때!

❶ **Enchanté.**
엉셩떼

❷ **Soyez bien venu dans notre entreprise.**
스와이에 비앙 브뉘 덩 노트르 엉트르프리즈

❸ **Je m' appelle Min-Sou Lee, le PDG de SBJ.**
주 마뺄 민수 이 르 뻬떼제 드 에스베제

❹ **C' est ma carte de visite.**
세 마 꺅뜨 드 비지뜨

❺ **Venez par ici, s' il vous plaît.**
브네 빠흐 이씨 실 부 쁠레

앗! 단어장!

PDG (뻬데제) : 대표이사

La carte de visite (라 꺅뜨 드 비지뜨)
: 명함

빠르게 찾고 쉽게 말하는 여행회화! 여러분의 여행을 보다 즐겁고 편안하게 만들어 드립니다!!

기본 회화에서 계약 성공까지!

비지니스 회화!

❶ 저희 회사는 2002년에 설립되었습니다.

❷ 지점은 몇 개나 됩니까?

❸ 귀사의 주요 상품은 무엇입니까?

❹ 국제인증을 가지고 있습니까?

❺ 귀사의 마케팅전략이 무엇입니까?

La société (라 쏘씨에떼) : 회사
La succursale (라 쒸뀌흐쌀) : 지점

앗! 단어장!

특별 부록 비지니스 회화!

비지니스

❸ 회사를 소개할 때!

❶ Notre société a été fondée en 2002.
노트르 쏘씨에떼 아 에떼 퐁데 엉 두밀두

❷ Combien de succursales avez-vous?
꽁비앙 드 쒸뀌흐쌀 아베 부

❸ Quel est le produit principal de votre société?
껠 에 르 프로뒤 프행씨빨 드 보트르 쏘씨에떼

❹ Avez-vous le certificat de l'organisation internationale de normalisation?
아베 부 르 쎄흐띠피꺄 드 로르가니자씨옹
앵떼흐나씨오날 드 노르말리자씨옹

❺ Je voudrais connaître votre stratégie marketing.
주 부드레 꼬네트르 보트르 스트라떼지 마케띵

앗! 단어장!

Le produit principal (르 프로뒤 프행씨빨)
: 주요상품

Le certificat (르 쎄흐띠피꺄) : 인증서

기본 회화에서 계약 성공까지!
비지니스 회화!

❶ 교환번호 305번 대주시겠어요?

❷ 그는 지금 통화중입니다.

❸ 잠시만 기다려 주십시오.

❹ 그는 지금 자리에 안 계신데요.

❺ 5분 후에 다시 전화해 주시겠어요?

❻ 앙리 씨와 어떻게 연락할 수 있을까요?

❼ 제게 전화해 주었으면 한다고 그에게 전해 주십시오.

Patienter (빠씨엉떼) : 기다리게 하다
Un instant (언 앵스떵) : 잠시
En ce moment (엉 스 모멍) : 지금, 현재

특별 부록 비즈니스 회화!

❹ 전화 통화시에!

❶ **Je voudrais le poste 305, s'il vous plaît.**
주 부드레 르 뽀스뜨 트루와 썽 쌩끄 실 부 쁠레

❷ **La ligne est occupé.**
라 린뉴 에 또뀌뻬

❸ **Patientez un instant, s'il vous plaît.**
빠씨엉떼 엔 앵스떵 실 부 쁠레

❹ **Il n'est pas là en ce moment.**
일 네 빠 라 엉 스 모멍

❺ **Pouvez-vous rappeler dans 5 minutes?**
뿌베 부 하쁠레 덩 쌩 미뉘뜨

❻ **Comment puis-je le contacter?**
꼬망 쀠주 르 꽁딱떼

❼ **Pouvez-vous lui demander de me reppeler?**
뿌베 부 루이 드멍데 드 므 하쁠레

Rappeler (하쁠레) : 다시 전화하다

Contacter (꽁딱떼) : 연락하다

앗! 단어장!

기본 회화에서 계약 성공까지!
비지니스 회화!

❶ 귀사의 신제품을 보여주실 수 있습니까?

❷ 어떻게 작동하는지 보여 드리겠습니다.

❸ 1개 가격은 얼마입니까?

❹ 개당 10달러입니다.

❺ 가격은 주문 수량에 의해 정해집니다.

❻ 이것이 최저가격인가요?

❼ 지불조건은 어떻습니까?

Le nouveau produit (르 누보 프로뒤)
: 신제품
Le prix (르 프리) : 가격

특별 부록 비지니스 회화!

❺ 상담할 때!

❶ Pouvez-vous nous montrer votre nouveau produit?
뿌베 부 누 몽트레 보트르 누보 프로뒤

❷ Je vais vous montrer comment ça marche.
주 베 부 몽트레 꼬망 싸 막슈

❸ Quel est le prix par pièce?
껠 에 르 프리 빠흐 삐에쓰?

❹ C'est 10 dollars par pièce.
쎄 디 돌라 빠흐 삐에쓰

❺ Le prix dépend de la quantité de la commande.
르 프리 데빵 드 라 껑띠떼 드라 꼬망드

❻ C'est le meilleur prix?
쎄 르 메이외르 프리

❼ Je voudrais savoir la condition de paiement.
주 부드레 싸부아르 라 꽁디씨옹 드 뻬망

앗! 단어장!

Par pièce (빠흐 삐에스) : 1개당
La commande (라 꼬망드) : 주문
La condition (라 꽁디씨옹) : 조건

빠르게 찾고 쉽게 말하는 여행회화! 여러분의 여행을 보다 즐겁고 편안하게 만들어 드립니다!!

기본 회화에서 계약 성공까지!
비지니스 회화!

❶ 최신 제품의 샘플을 보여 드리겠습니다.

❷ 그 제품의 재고가 있습니까?

❸ 귀사의 제품을 주문하고 싶습니다.

❹ 얼마나 주문하실 겁니까?

❺ 주문을 변경하고 싶습니다.

❻ 계약서를 작성합시다.

❼ 대금을 언제 송금해 주실 건가요?

L' échantillon (레샹띠옹) : 샘플
Le stock (르 스똑) : 재고
Commander (꼬망데) : 주문하다

앗! 단어장!

특별 부록 비지니스 회화!

❻ 계약, 주문할 때!

❶ Je vais vous montrer l'échantillon de notre nouveau produit.
주 베 부 몽트레 레샹띠옹 드 노트르 누보 프로뒤

---

❷ Avez-vous le stock de ce produit?
아베 부 르 스똑 드 스 프로뒤

---

❸ Je voudrais commander votre produit.
주 부드레 꼬망데 보트르 프로뒤

---

❹ Quelle est la quantité de votre commande?
껠 에 라 껑띠떼 드 보트르 꼬망드

---

❺ Je voudrais changer de commande.
주 부드레 샹제 드 꼬망드

---

❻ On dresse le contrat.
옹 드레쓰 르 꽁트라

---

❼ Quand sera-t-il fait le premier paiement?
껑 스라 띨 패 르 프르미에 빼망

앗! 단어장!

Le contrat (르 꽁트라) : 계약서
Le paiement (빼망) : 지불

부록 필수 단어사전!

부록 : 필수 단어사전!

꼭! 꼭! 꼭! 필요한 단어들을 내용별로 정리한 사전입니다!

● 숫자세기

1	un	엉
2	deux	두
3	trois	트루와
4	quatre	꺄트르
5	cinq	쌩끄
6	six	씨스
7	sept	쎄뜨
8	huit	위뜨
9	neuf	뇌프
10	dix	디스
20	vingt	뱅
30	trente	트렁뜨
40	quarante	꺄렁뜨
50	cinquante	쌩껑뜨

부록 필수 단어 사전!

60	soixante	스와썽뜨
70	soixante dix	스와썽뜨 디스
80	quatre vingt	꺄트르 뱅
90	quatre vingt dix	꺄트르 뱅 디스
100	cent	썽
101	cent un	썽 엉
102	cent deux	썽 두
110	cent dix	썽 디스
120	cent vingt	썽 뱅
130	cent trente	썽 트렁뜨
200	deux cents	두 썽
300	trois cents	트루와 썽
1,000	mille	밀
10,000	dix mille	디 밀
100,000	cent mille	썽 밀
1,000,000	million	밀리옹
첫째	premier	프르미에
둘째	deuxième	두지엠므
셋째	troisième	트루와지엠므
넷째	quatrième	꺄트리엠므
다섯째	cinquième	쌩끼엠므
여섯째	sixième	씨지엠므
일곱째	septième	쎄띠엠므
여덟째	huitième	위띠엠므
아홉째	neuvième	너비엠므
열번째	dixième	디지엠므

● 시간

1시	une heure	윈외르
2시	deux heures	두죄르
3시	trois heures	트루와죄르
4시	quatre heures	꺄트뢰르
5시	cinq heures	쌩꾀르
6시	six heures	씨죄르
7시	sept heures	쎄뙤르
8시	huit heures	위 뙤르
9시	neuf heures	뇌뵈르
10시	dix heures	디죄르
11시	onze heures	옹죄르
12시	douze heures	두죄르
10분	dix minutes	디미뉘뜨
15분	quinze minutes	깽즈미뉘뜨
20분	vingt minutes	뱅미뉘뜨
30분	trente minutes	트렁뜨미뉘뜨
45분	quarante cinq minutes	꺄렁뜨 쌩미뉘뜨

부록 필수 단어 사전!

❍ 날짜와 요일

아침	Le matin	르 마땅
정오	Le midi	르 미디
저녁	Le soir	르 스와르
밤	La nuit	라 뉘
오늘	Aujourd'hui	오주흐뒤
내일	Demain	드망
모레	Après demain	아프레 드망
어제	Hier	이에르
그저께	Avant hier	아벙띠에르
매일	Tous les jours	뚤레주흐
오전	Avant midi	아벙미디
오후	Après midi	아프레미디
일요일	Dimanche	디멍슈
월요일	Lundi	랭디
화요일	Mardi	마흐디
수요일	Mercredi	메르크러디
목요일	Jeudi	주디
금요일	Vendredi	벙드러디
토요일	Samedi	쌈디
이번주	Cette semaine	쎄뜨 스멘느
다음주	La semaine prochaine	라 스멘느 프로셴느
지난주	La semaine dernière	라 스멘느 데르니에르
매주	Toutes les semaines	뚜뜨 레 스멘느
주중	Pendant la semaine	뻥덩 라 스멘느
주말	Le weekend	르 위껜

빠르게 찾고 쉽게 말하는 여행회화! 여러분의 여행을 보다 즐겁고 편안하게 만들어 드립니다!!

월(月), 계절

1월	**Janvier**	쟝비에
2월	**Février**	페브리에
3월	**Mars**	막스
4월	**Avril**	아브릴
5월	**Mai**	매
6월	**Juin**	주앙
7월	**Juillet**	주이에
8월	**Août**	우뜨
9월	**Septembre**	쎕떵브르
10월	**Octobre**	옥또브르
11월	**Novembre**	노벙브르
12월	**Décembre**	데썽브르
이번달	**Ce mois-ci**	스 모아 씨
다음달	**Le mois prochain**	르 모아 프로셍
지난달	**Le mois dernier**	르 모아 데르니에
매월	**Tous les mois**	뚤 레 모아
월말	**La fin du mois**	라 팽 뒤 모아
봄	**Le printemps**	르 프랭떵
여름	**L' été**	레떼
가을	**L' automne**	로똔느
겨울	**L' hiver**	리베르

*2003년 12월 26일 수요일
Le mercredi. 26, décembre. 2003.
르 메르크러디 뱅씨스 데썽브르 두밀 트루와

부록 필수 단어 사전!

◯ 사람 · 가족

한국어	프랑스어	발음
소년	Le garçon	르 갸송
소녀	La fille	라 피유
남자	L'homme	롬므
여자	La femme	라 팜므
아기	Le bébé	르 베베
어린이	L'enfant	렁펑
아버지	Le père	르 뻬르
어머니	La mère	라 메르
부모	Les parents	레 빠렁
아들	Le fils	르 피스
딸	La fille	라 피유
남편	Le mari	르 마리
아내	La femme	라 팜므
형제	Les frères	레 프레르
자매	Les soeurs	레 쐬르
조카	Le neuve	르 누브
조카딸	La nièce	라 니에스
숙부	Le tonton	르 똥똥
숙모	La tante	라 떵뜨
할아버지	Le grand père	르 그렁 뻬르
할머니	La grand mère	라 그렁 메르
형	Le frère ainé	르 프레르 에네
누나	La soeur ainée	라 쐬르 에네
남동생	Le petit frère	르 쁘띠 프레르
여동생	La petite soeur	라 쁘띠뜨 쐬르

빠르게 찾고 쉽게 말하는 여행회화! 여러분의 여행을 보다 즐겁고 편안하게 만들어 드립니다!!

◐ 나라/국민/언어

한국	La Corée	라 꼬레
한국인	Le Coréen	르 꼬레앙
한국인(여)	La Coréenne	라 꼬레엔느
한국어	Le coréen	르 꼬레앙
중국	La Chine	라 쉰느
중국인	Le Chinois	르 쉬누아
중국인(여)	La Chinoise	르 쉬누아즈
중국어	Le chinois	쉬누아
일본	Le Japon	르 자뽕
일본인	Le Japonais	르 자뽀네
일본인(여)	La Japonaise	라 자뽀네즈
일본어	Le japonais	르 자뽀네
미국	Les Etats-Unis	레 제따주니
미국인	L' Américain	라메리껭
미국인(여)	L' Américaine	라메리껜느
영국	L' Angleterre	렁글르떼르
영국인	L' Anglais	렁글레
영국인(여)	L' Anglaise	렁글레즈
영어	L' anglais	렁글레
독일	L' Allemagne	랄르마뉴
독일인	L' Allemand	랄르멍
독일인(여)	L' Allemande	랄르멍드
독일어	L' allemand	랄르멍
프랑스	La France	라 프랑스
프랑스인	Le Français	르 프랑쎄
프랑스인(여)	La Française	라 프랑쎄즈
프랑스어	Le français	르 프랑쎄

부록 필수 단어 사전!

단어사전

◎ 색깔

한국어	프랑스어	발음
빨간색	**Le rouge**	르 후즈
흰색	**Le blanc**	르 블렁
노랜색	**Le jaune**	르 존느
파란색	**Le bleu**	르 블루
검은색	**Le noir**	르 누아르
초록색	**Le vert**	르 베르
분홍색	**Le rose**	르 호즈
보라색	**Le voilet**	르 비올레
갈색	**Le brun**	르 브랑
회색	**Le gris**	르 그리

빠르게 찾고 쉽게 말하는 여행회화! 여러분의 여행을 보다 즐겁고 편안하게 만들어 드립니다!!

Step by step!

1 목적지 공항도착!
목적지 공항에 도착하면 짐을 잘 챙겨서 내립니다. 입국심사서는 미리 준비하세요!

Step 1

2 도착 출구통과!
'Arrival' 이라고 써있는 출구를 찾아 통과합니다.

Step 2

✚ **잠깐만요!**
여권! 입국심사서! 항공권! 수하물표!를 잘 챙겨서 나가십시오!